Dorothea Neumann

Häkeln für Weihnachten

Dorothea Neumann

Häkeln für Weihnachten

AUGUSTUS

INHALT

Inhalt

Alle Jahre wieder	5
Material & Technik	6
Christbaumkugeln	8
Muster A	9
Muster B	10
Muster C	11
Teelicht-Deko	13
Geschenkanhänger	16
Eiskristall	17
Engel	18
Drei Tischsäckchen	20
Nikolausstiefel	22
Rote Quasten	24
Zwei Tischsets	26
Tischset mit Sternen	27
Tischset im Karomuster	29
Partnerset	30
Quastenpaar für das Partnerset	32
Eissterne	34
Zwei Fensterbilder	36
Fensterbild Weihnachtsstern	36
Rundes Fensterbild Christrose	38
Weihnachtliche Borten	40
Sternenborte	40
Filetborte	42
Sternendeckchen	44
Drei Grußkarten	46

Alle Jahre wieder ...

... beginnt spätestens im November, wenn die Tage kurz und trist sind, die Vorfreude auf das kommende Weihnachtsfest. Obwohl – oder gerade weil – in dieser Zeit alles um uns herum hektisch ist, erinnern wir uns gerne an alte Traditionen und die schönen Dinge aus unserer Kindheit. Und dazu gehört für mich, mit eigenen Händen etwas Schönes zum Fest zu gestalten.

Diese Tradition möchte ich mit diesem Buch fortführen. Hier finden Sie kleine und große, einfache und aufwändige Häkelteile, als Dekoration fürs eigene Heim – oder auch als kleine Geschenke für liebe Freunde.

Die roten Christbaumkugeln vom Titel, filigran umhäkelt mit feinem Goldgarn, sind mein absoluter Favorit. Keine Angst vor den zarten Kugeln: Sie sind erstaunlicherweise sehr robust, und es ist keine einzige beim Beziehen zerbrochen. Und obwohl das Goldgarn sehr fein ist, sind die Hüllen schnell gearbeitet. Da Sie jedes der drei Muster auch in drei Größen anfertigen können, sind die Gestaltungsmöglichkeiten groß.

Liebhaber der Filethäkelei finden in diesem Buch Vorschläge für ein Partnerset, ein Sternendeckchen und für eine Randborte mit passender Einsatzborte.

Weihnachtliche Fensterdekorationen werden von Jahr zu Jahr beliebter. Hier haben Sie die Auswahl zwischen kleinen Eissternen, einer Christrose und einem Weihnachtsstern. Diese Teile werden in einen Metallrahmen gespannt, der farblich passend umhäkelt wird. Auch die beliebten Teelichtgläser sind mit kleinen Silberborten weihnachtlich herausgeputzt – und wirklich im Handumdrehen fertig.

Engel und Schneekristall als Geschenk-Anhänger sowie Grußkarten mit Kleinmotiven machen die kleinen Geschenke und die Weihnachtsgrüße an liebe Freunde noch wertvoller.

Für alle Häkelbegeisterten, die es etwas rustikaler mögen, gibt es auch Projekte für Nadelstärke 4 bis 5: Tischsets, dekorative Säckchen für weihnachtliche Leckereien, einen Nikolausstiefel und ein Paar dicke Quasten, die sich zum Beispiel als Schmuck für einen einfachen Türkranz eignen.

Ich wünsche Ihnen viel Freude bei der Auswahl und viel Spaß beim Häkeln.

Ihre Dorothea Neumann

MATERIAL & TECHNIK

Material & Technik

Häufig gebrauchte Abkürzungen

Fb = Farbe(n)
fM = feste Masche(n)
Lm = Luftmasche(n)
Km = Kettmasche(n)
Knl. = Knäuel
Krebsm = Krebsmasche(n)
Nd = Nadel(n)

M = Masche(n)
R = Reihe(n)
Rd = Runde(n)
Stb = Stäbchen
Strg. = Strang
zus. = zusammen

MATERIAL & TECHNIK

Garn

Verwenden Sie immer Qualitätsgarn, denn nur dann werden Sie wirklich Freude an Ihrem Werk haben. Wenn Sie sich an die Angaben beim jeweiligen Modell halten, können Sie sicher sein, dass Ihre Arbeit gelingt.

Für die Modelle in diesem Buch brauchen Sie traditionelle Baumwoll- und Leinengarne, aber zur Weihnachtszeit passend auch gold- und silberfarbene Metallic-Garne. Am besten wählen Sie das jeweils in der Materialangabe empfohlene Originalgarn, um sicherzugehen, dass Ihr Projekt auch so gelingt, wie Sie es auf dem Foto sehen. Falls Sie ein anderes Garn verarbeiten wollen, sollten Materialzusammensetzung und Lauflänge mit dem Originalgarn übereinstimmen. Außerdem sollten Sie in diesem Fall nicht auf eine Maschenprobe verzichten.

Häkelnadeln

Wer viel handarbeitet, wählt mit Sicherheit auch hochwertige Arbeitsgeräte. Schlechtes Werkzeug erschwert das Handarbeiten, und statt Spaß und Entspannung kommt Frust auf.

Ob Sie Häkelnadeln aus Metall – blank, grau beschichtet oder gar vergoldet –, Bambus oder Edelholz vorziehen, ist Geschmackssache. Keine Kompromisse sollten Sie jedoch bei der Qualität eingehen: Wie beim Garn sind Markenartikel die beste Wahl.

Garn- und Nadelstärke

Eine gute Häkelarbeit darf nicht zu locker gehäkelt sein. Wenn das Maschenbild unregelmäßig erscheint, ist der Faden nicht gleichmäßig gespannt oder die Häkelnadel nicht fein genug. Die in der Anleitung angegebenen Nadelstärken sind nur Richtwerte; arbeiten Sie deshalb zuerst immer eine Maschenprobe, und vergleichen Sie die Maße mit denen der Anleitung. Probieren Sie aus, mit welcher Nadelstärke Sie das beste Ergebnis erzielen.

Wenn die Häkelarbeit mit Stoff kombiniert werden soll – etwa bei Tischdecken oder -läufern mit Filetborte –, müssen auch Qualität und Stärke von Stoff und Garn aufeinander abgestimmt sein. Waschen Sie Häkelarbeit und Stoff getrennt voneinander, bevor Sie beides zusammennähen. So verhindern Sie, dass sich die Häkelkante beim Einlaufen des Stoffes nach der ersten Wäsche wellt. Gerade bei Leinenstoffen ist das außerordentlich wichtig.

Häkeltechnik

Die Modelle in diesem Häkelbuch sind ohne große Mühe nachzuarbeiten. Ich habe mich auf die einfachen Häkeltechniken und Grundhäkelarten beschränkt. Für fast alle Modelle finden Sie Häkelschriften bei der Anleitung. Darin entspricht jeder Häkelmasche – also zum Beispiel Luftmasche, Kettmasche, feste Masche, Stäbchen – einem Häkelzeichen. Diese Zeichen werden immer bei der jeweiligen Häkelschrift erklärt, sodass Sie das Muster ganz bequem und ohne umzublättern arbeiten können. Wenn in der Vorrunde oder -reihe Luftmaschen gehäkelt sind, werden Stäbchen oder andere Maschen in der folgende Runde oder Reihe stets um diese Luftmaschen und nicht um einzelne Maschenglieder gearbeitet.

Spannen

Die richtige Form bekommen Ihre Häkelteile durch das Spannen. Hierfür eignet sich eine weiche Unterlage, wie zum Beispiel eine Styroporplatte, bestens. Es gibt aber auch spezielle Spannmatten im Handel, auf denen eine Zentimetereinteilung und verschiedene Formen aufgedruckt sind. Sie spannen die Häkelarbeit mit rostfreien Stecknadeln nach den Maßen, feuchten sie an und lassen sie trocknen. Für eine stabilere Form können die Teile mit Sprühstärke behandelt werden. Sollen Ihre Häkelteile ganz steif sein, verwenden Sie Zuckerwasser.

CHRISTBAUMKUGELN

Muster A

Größe: ca. 5, 6 und 8 cm Ø

Material

- Anchor Metallic in Gold (Fb 300; 1 Rolle à 50 m reicht für 2–3 Kugeln unterschiedlicher Größe)
- Garnhäkelnadel Nr. 1,5 oder 1,75
- farbige Christbaumkugeln

So wird's gemacht

8 Lm mit 1 Km zum Ring schließen und nach der Häkelschrift 1 x die 1.–3. Rd arbeiten. Ab der 4. Rd wird das Teil je nach Kugelgröße unterschiedlich gearbeitet, siehe Häkelschrift.
Für die **kleine Kugel** nach der 4. Rd den Häkelfaden etwas länger lassen und durch die Lm-Bogen der letzten Rd ziehen. Die Kugel beziehen, den Faden stramm ziehen und mehrfach um den Aufhänger wickeln.
Für die **mittelgroße Kugel** zusätzlich die 5. Rd nach der Häkelschrift arbeiten, dann den Häkelfaden etwas länger lassen und durch die Lm-Bogen der letzten Rd ziehen. Die Kugel beziehen, den Faden stramm ziehen und mehrfach um den Aufhänger wickeln.

Kleine Kugel, Muster A

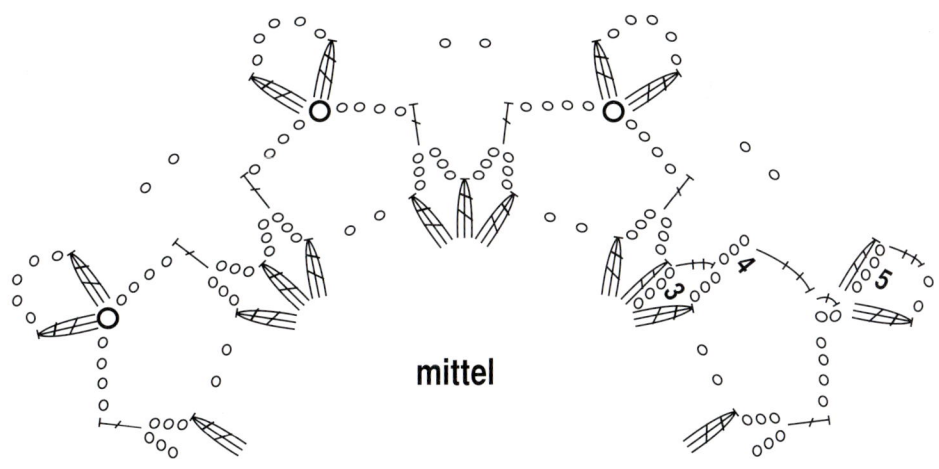

mittel

▲	Anfang
△	Ende
∘	1 Luftmasche (Lm)
•	1 Kettmasche (Km)
│	1 Stäbchen (Stb)
╪	1 Doppelstäbchen
	3 zusammen abgemaschte Doppelstäbchen
	1 Vierfach-Stäbchen
○	1 Pikot: 6 Luftmaschen, zurück in die 1. Luftmasche 1 Kettmasche häkeln

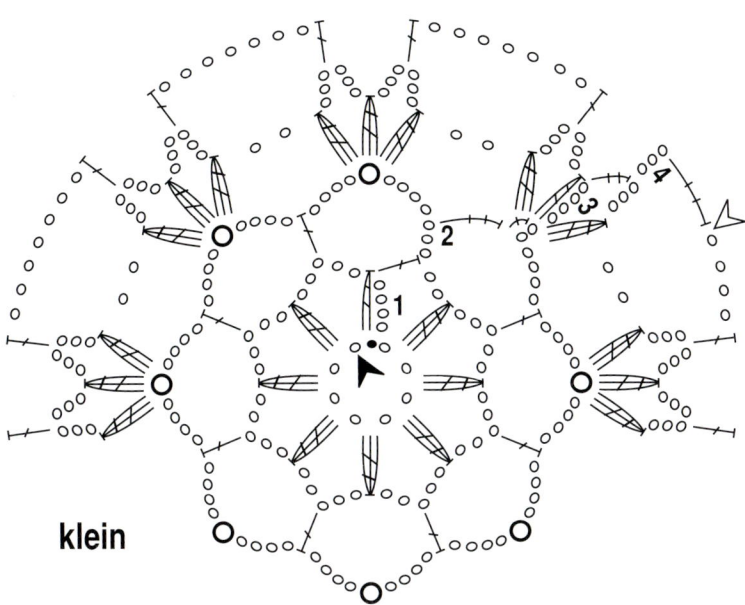

klein

9

CHRISTBAUMKUGELN

Für die **große Kugel** 2 x die 1.–4. Rd arbeiten, dabei die 2. Hälfte in der 4. Rd nach jeweils 5 Lm mit 1 Km mit dem 1. Teil verbinden, siehe Häkelschrift. Bevor der Bezug ganz geschlossen ist, die Kugel einschieben und die Öffnung zuhäkeln.

Muster B

Größe: ca. 5, 6 und 8 cm Ø

Material

◆ Anchor Metallic in Gold (Fb 300; 1 Rolle à 50 m reicht für 2–3 Kugeln unterschiedlicher Größe)
◆ Garnhäkelnadel Nr. 1,5 oder 1,75
◆ farbige Christbaumkugeln

So wird's gemacht

10 Lm mit 1 Km zum Ring schließen und für alle Größen nach der Häkelschrift 1 x die 1.–6. Rd arbeiten.

Für die **kleine Kugel** nach der 6. Rd den Häkelfaden etwas länger lassen und durch die Lm-

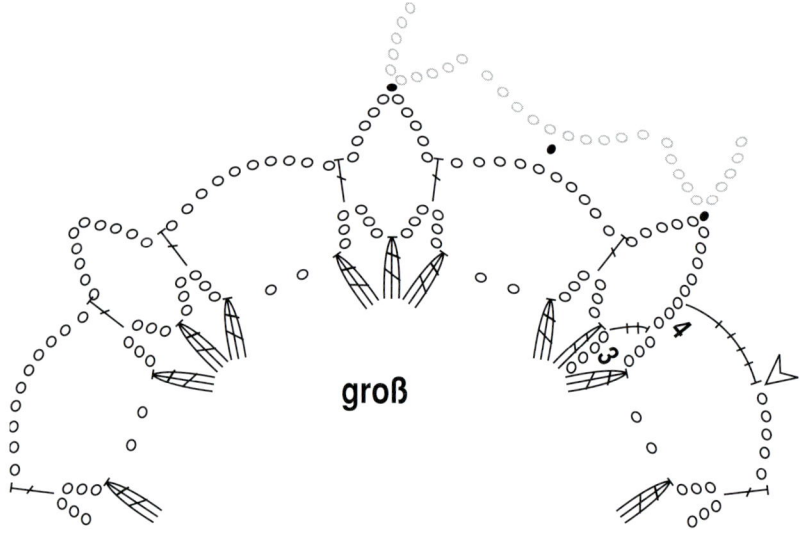

groß

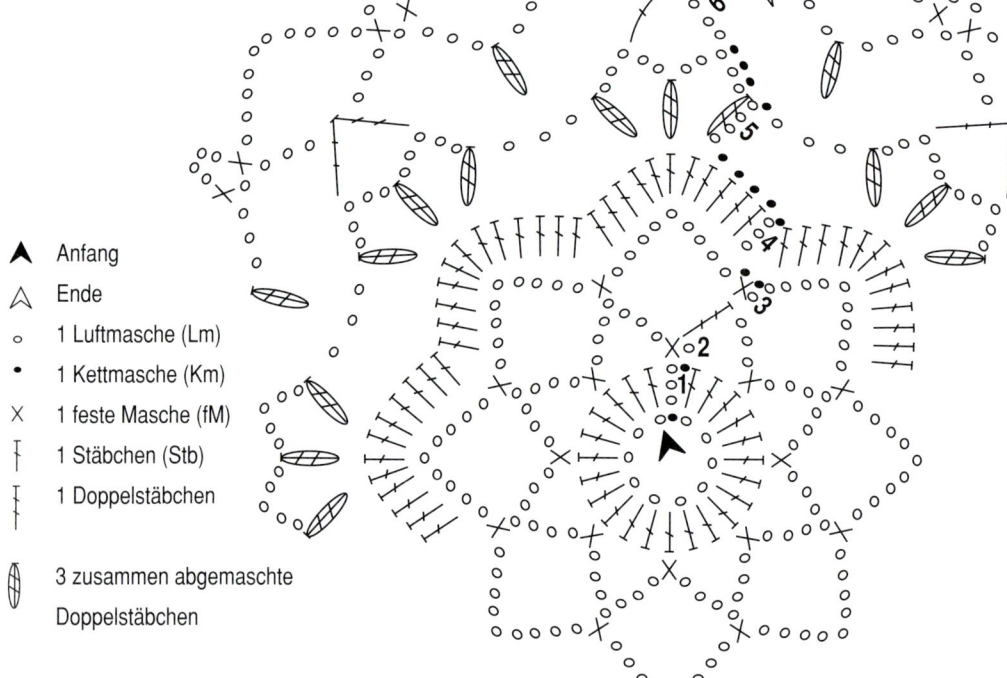

▲ Anfang
△ Ende
○ 1 Luftmasche (Lm)
● 1 Kettmasche (Km)
✕ 1 feste Masche (fM)
✝ 1 Stäbchen (Stb)
╪ 1 Doppelstäbchen
◉ 3 zusammen abgemaschte Doppelstäbchen

Große Kugel, Muster B

CHRISTBAUMKUGELN

Bogen der letzten Rd ziehen. Die Kugel beziehen, den Faden stramm ziehen und mehrfach um den Aufhänger wickeln. Für die **mittelgroße Kugel** zusätzlich die 7. Rd nach der Häkelschrift arbeiten, dann den Häkelfaden etwas länger lassen und durch die 16 großen Lm-Bogen der letzten Rd ziehen. Die Kugel beziehen, den Faden stramm ziehen und mehrfach um den Aufhänger wickeln. Für die **große Kugel** 2 x die 1.–6. Rd arbeiten. Beim 2. Teil nach 6 Rd den 1. Lm-Bogen mit 3 Km bis zur Mitte behäkeln, dann die 16 großen Lm-Bogen beider Hälften mit 1 fM und 6 Lm Zwischenraum zusammenhäkeln. Bevor der Bezug ganz geschlossen ist, die Kugel einschieben und die Öffnung zuhäkeln.

Muster C

Größe: ca. 5, 6 und 8 cm Ø

Material

- *Anchor Metallic* in Gold (Fb 300; 1 Rolle à 50 m reicht für 2–3 Kugeln unterschiedlicher Größe)
- Garnhäkelnadel Nr. 1,5 oder 1,75
- farbige Christbaumkugeln

so wird's gemacht

9 Lm anschlagen und in die 1. Lm das 1. Doppel-Stb nach der Häkelschrift arbeiten. 1x die 1.–3. Rd häkeln. Für jedes neue Motiv werden in der 3. Rd die Motive mit Km aneinander gehäkelt.

▲ Anfang
△ Ende
○ 1 Luftmasche (Lm)
• 1 Kettmasche (Km)
✕ 1 feste Masche (fM)
| 1 Doppelstäbchen
| 1 Vierfach-Stäbchen
4 Luftmaschen, 3 zusammen abgemaschte Doppelstäbchen, 4 Luftmaschen

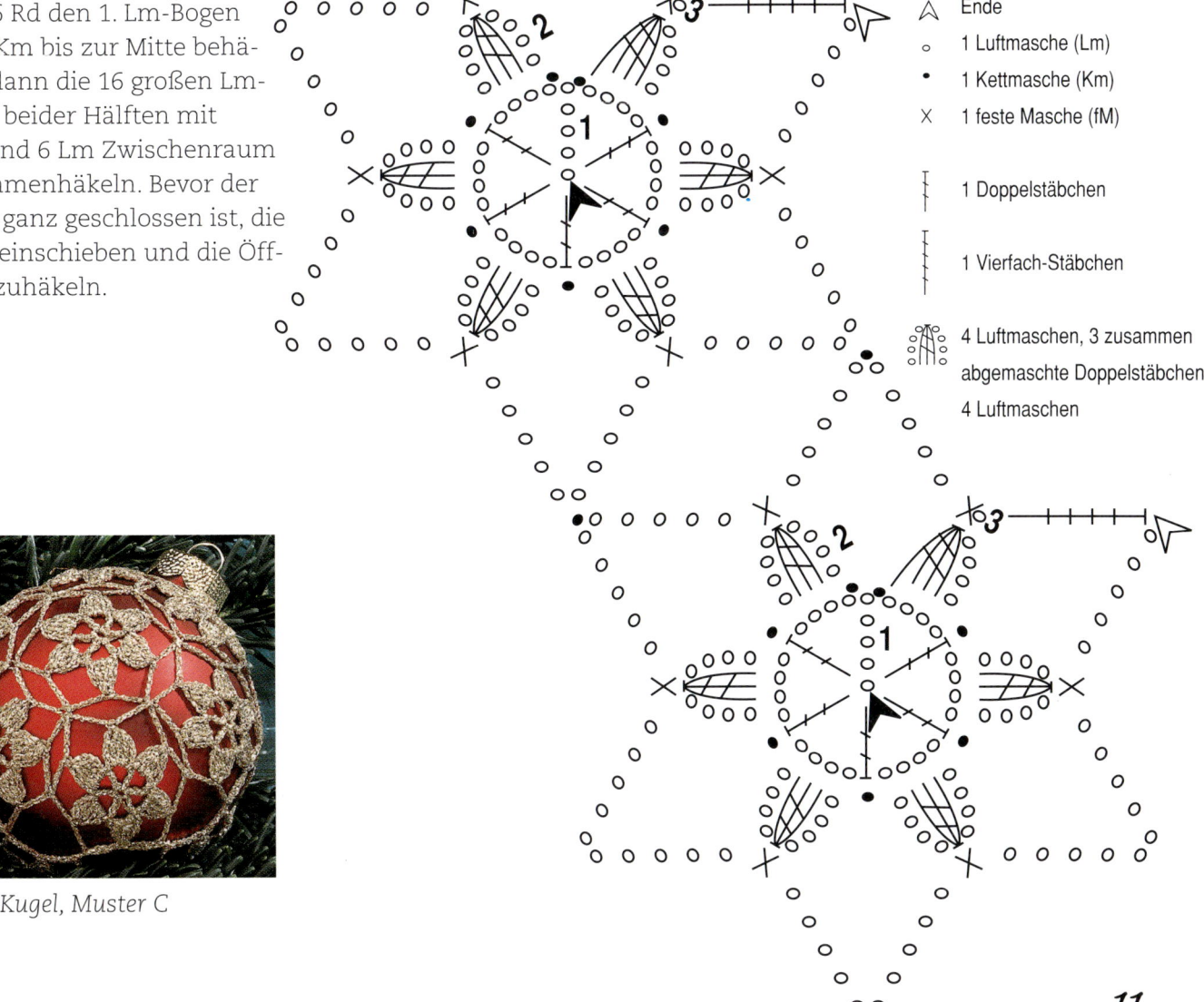

Große Kugel, Muster C

CHRISTBAUMKUGELN

Für die **kleine Kugel** 3 Motive nach der Häkelschrift und der Schemazeichnung aneinander häkeln. Als Abschluss jeweils 6 Lm-Bogen mit je 10 Lm arbeiten (siehe Schema).
Den Häkelfaden etwas länger lassen und durch die Lm-Bogen der letzten Rd ziehen. Die Kugel beziehen, den Faden stramm ziehen und mehrfach um den Aufhänger wickeln.

Für die **mittelgroße Kugel** 4 Motive nach der Häkelschrift und der Schemazeichnung zur Runde aneinander häkeln. Für den unteren Abschluss 8 Lm-Bogen mit je 20 Lm häkeln (siehe Schema). Die Lm-Bogen der letzten Rd mit einem Faden zusammenziehen, jedoch eine kleine Öffnung von ca. 0,5 cm Durchmesser lassen. Den Faden gut vernähen. Für den oberen Abschluss 4 Lm-Bogen mit je 16 Lm arbeiten (siehe Schema). Durch die Lm-Bogen der letzten Rd einen Faden ziehen. Die Kugel beziehen, den Faden stramm ziehen und mehrfach um den Aufhänger wickeln.

Für die **große Kugel** 2 x 7 Motive aneinander häkeln, dann beide Hälften mit fM zusammenhäkeln (siehe Schema). Bevor der Bezug ganz geschlossen ist, die Kugel einschieben und die Öffnung zuhäkeln.

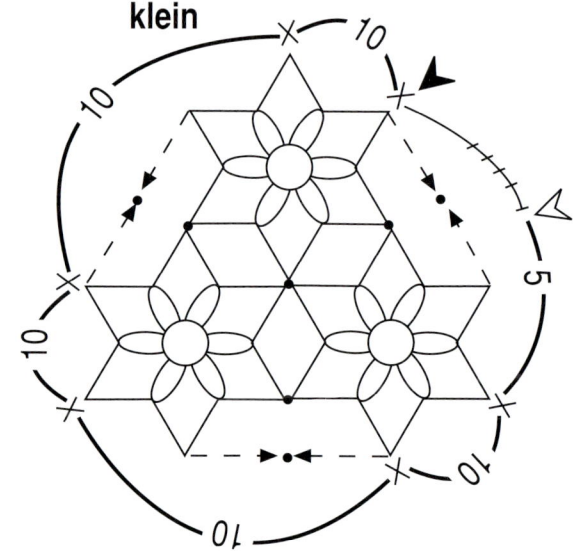

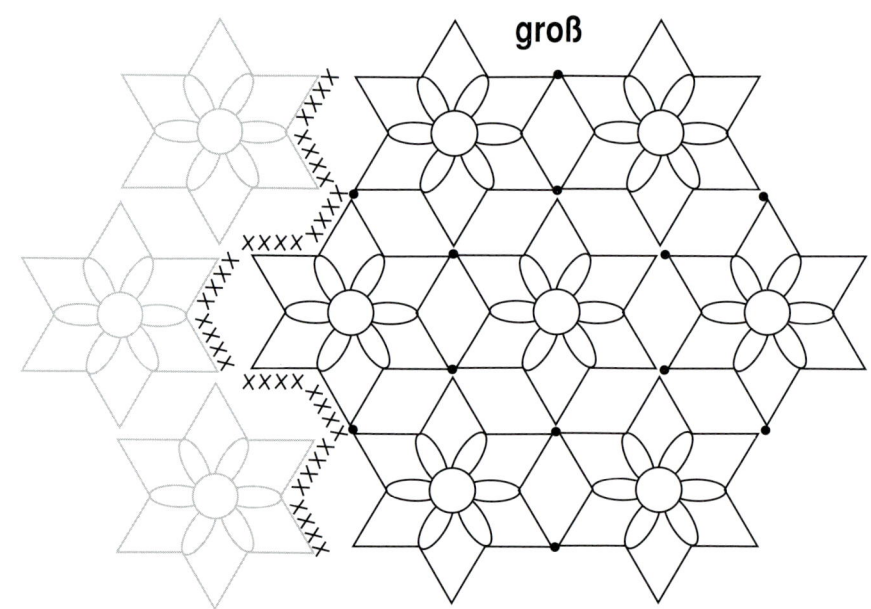

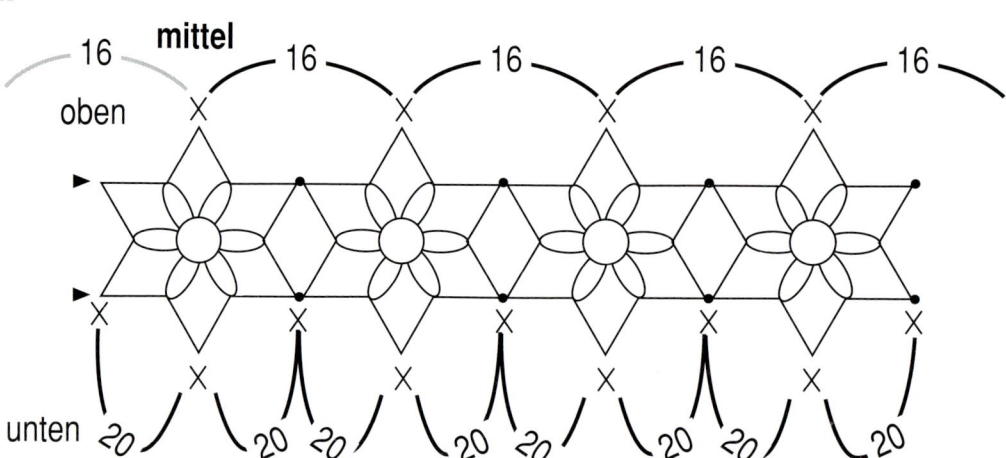

TEELICHT-DEKO

Größe: ca. 16 cm Umfang

Material

Anchor Orion in Silber (Fb 301; 10g reichen für alle Borten) Garnhäkelnadel Nr. 1,75 oder 2

So wird's gemacht

Nach der gewünschten Häkelschrift arbeiten. Die Häkelborte sollte mit etwas Spannung um das Teelichtglas passen.

Muster A

6 Lm anschlagen und mit 1 Km zum Ring schließen. Noch 7 Lm häkeln und in die 5. M von der Nadel aus das 1. Doppel-Stb häkeln. 1x die 1.–3. R häkeln, dann stets die 2. und 3. R wdh., als Abschluss die 4. und 5. R häkeln. Nach dem Spannen die Borte zur Runde schließen.

Muster B

15 Lm anschlagen und in die 4. Lm von der Nadel aus das 1. Stb häkeln. 1x die 1.–7. R häkeln, dann die 2.–7. R 3x wdh. Die Borte endet mit einer 6. R. Nach dem Spannen die Borte zur Runde schließen.

Muster C

55 Lm anschlagen und in die 2. Lm von der Nadel aus die 1. fM häkeln. 1x die 8 M vor dem Pfeil häkeln, dann den Musterrapport 5x wdh., 1 M nach dem Rapport. 1x die 1.–3. R häkeln. Nach dem Spannen die Borte zur Runde schließen.

Tipp

Die Borten können Sie auch für andere Dekorationen verwenden, beispielsweise als Umrandung für Tischsets oder -decken. Dann brauchen Sie natürlich entsprechend mehr Material.

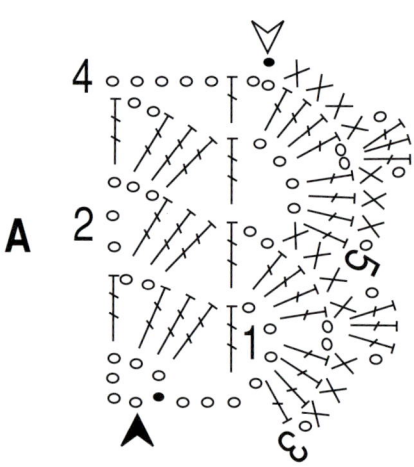

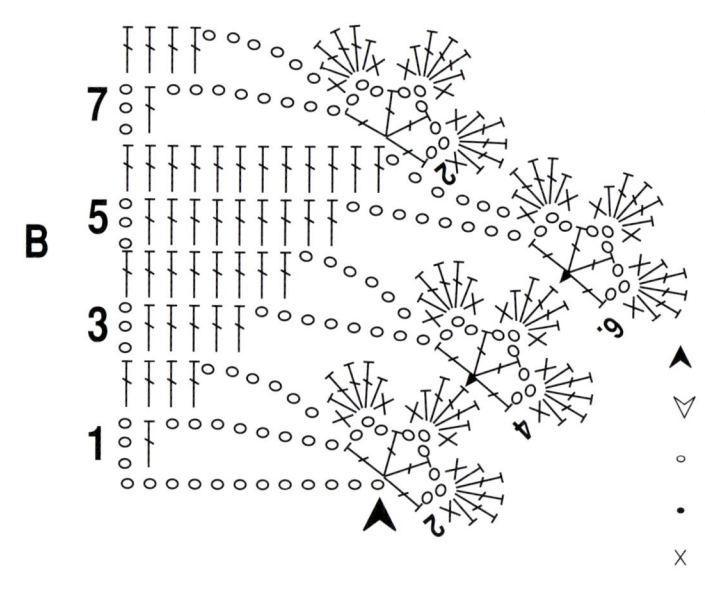

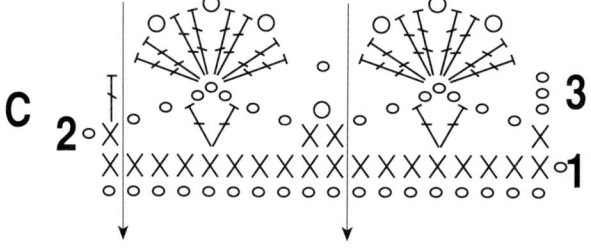

▲ Anfang
▽ Ende
○ 1 Luftmasche (Lm)
• 1 Kettmasche (Km)
× 1 feste Masche (fM)
T 1 halbes Stäbchen (hStb)
† 1 Stäbchen (Stb)
‡ 1 Doppelstäbchen
○ 1 Pikot: 3 Luftmaschen, zurück in die 1. Luftmasche 1 Kettmasche häkeln

TEELICHT-DEKO

Muster D

10 Lm anschlagen und in die 4. Lm von der Nadel aus das 1. Stb häkeln. 1x die 1.–5. R häkeln, dann die 2.–5. R stets wdh. Die Borte endet mit einer 4. R. Die Zackenkante mit 1 R fM und Pikots = 6. R der Häkelschrift behäkeln. Nach dem Spannen die Borte zur Runde schließen.

Muster E

65 Lm anschlagen und in die 5. Lm von der Nadel aus das 1. Stb häkeln. 4x den Musterrapport häkeln, 1 M nach dem Rapport. 1x die 1.–4. R häkeln. Nach dem Spannen die Borte zur Runde schließen.

Geschenk-
anhänger

GESCHENKANHÄNGER

Eiskristall

Größe: ca. 9 cm Ø

Material

- Anchor Liana 10 (LL 265 m/50 g): pro Stern ca. 2 g
- Garnhäkelnadel Nr. 1,5 oder 1,75

so wird's gemacht

Nach der Häkelschrift arbeiten. 8 Lm mit 1 Km zum Ring schließen und nach der Häkelschrift 1x die 1.–4. Rd arbeiten. Das Häkelteil spannen, mit Sprühstärke anfeuchten und trocknen lassen.

▲ Anfang
○ 1 Luftmasche (Lm)
• 1 Kettmasche (Km)
× 1 feste Masche (fM)

| 1 Dreifach-Stäbchen

⋏ 4 zusammen abgemaschte Dreifach-Stäbchen

0 1 Pikot: 5 Luftmaschen, zurück in die 1. Luftmasche 1 Kettmasche häkeln

GESCHENKANHÄNGER

Engel

Größe: ca. 10 cm

Material

- Anchor Liana 10 (LL 265 m/50 g): pro Engel ca. 3 g
- Garnhäkelnadel Nr. 1,5 oder 1,75

So wird's gemacht

Nach der Häkelschrift arbeiten, dabei mit dem Kopf beginnen. Hierfür in einen Fadenring 2 Lm und 7 fM häkeln (= 8 M). Mit 1 Km in die 2. Lm die Rd schließen. In der 2. Rd jede M verdoppeln (= 16 M). In der 3. Rd jede 2. M verdoppeln (= 24 M). Weiter nach der Häkelschrift arbeiten. Nach 5 Rd ist der Kopf beendet. Für das Kleidchen die 6.–16. R häkeln, dann mit fM die rechte Seite behäkeln und den Flügel arbeiten. Für den 2. Flügel wird der Häkelfaden auf der Rückseite der 7. R mit Km weitergeführt, dann den 2. Flügel arbeiten und die andere Kleiderkante mit fM behäkeln.
Die gestrichelten Linien mit den Pfeilen zeigen die Häkelrichtung.

Fertigstellung

Das Häkelteil spannen, mit Sprühstärke anfeuchten und trocknen lassen.

Tipp

Engel und Eiskristall eignen sich auch hervorragend als Christbaumschmuck. Da es das Garn in vielen Farben gibt, finden Sie bestimmt Ihren Lieblingston. Aber auch in Gold und Silber (z. B. Anchor Metallic) können Engel und Kristall gearbeitet werden.

GESCHENKANHÄNGER

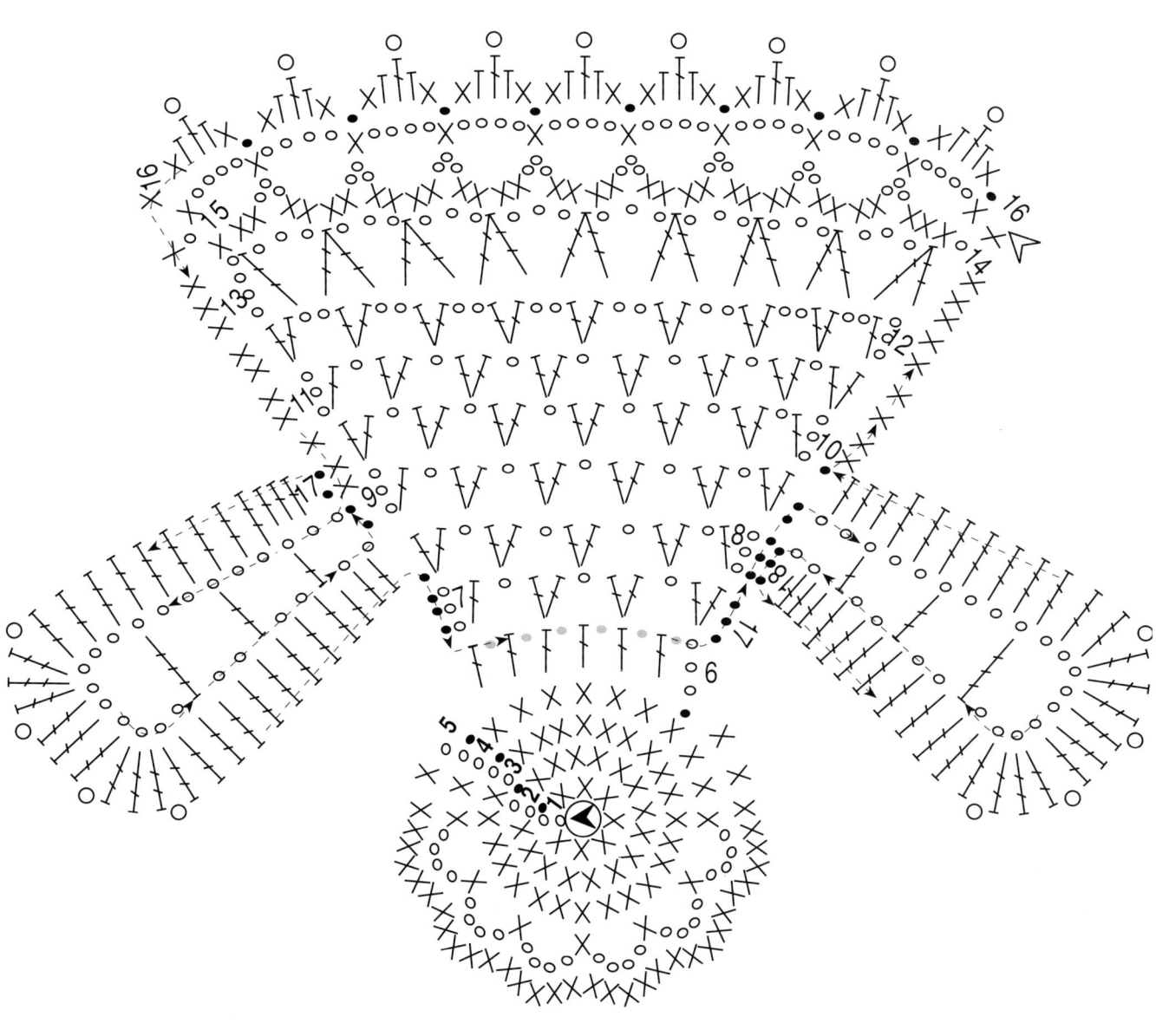

▲ Anfang
△ Ende
o 1 Luftmasche (Lm)
● 1 Kettmasche (Km)
X 1 feste Masche (fM)
T 1 halbes Stäbchen (hStb)
┼ 1 Stäbchen (Stb)
┼ 1 Doppelstäbchen
┼ 1 Dreifach-Stäbchen
○ 1 Pikot: 3 Luftmaschen, zurück in die 1. Luftmasche 1 Kettmasche häkeln

19

DREI TISCHSÄCKCHEN

Größe I: 12 x 18 cm (in Grün)
Größe II: 19 x 28 cm (in Braun)
Größe III: 25 x 35 cm (in Blau)

Die Angaben für die drei Größen sind durch Schrägstriche getrennt. Steht nur eine Angabe, so gilt sie für alle drei Größen.

Material

- Coats Lyric 8/8 (LL 70m/50g) in folgenden Mengen und Farben: 100 g in Grün (Fb 589), 200 g in Braun (Fb 513), 300 g in Blau (Fb 511)
- 1 Strg. Anchor Lamé in Gold (Fb 300; reicht für 1 Paar Quasten)
- Häkelnadel Nr. 4 oder 4,5 und 6

Häkelmuster

Grundmuster (Reliefstäbchen)
M-Anschlag teilbar durch 4.
1. Reihe: In die 4. Lm von der Nadel aus das 1. Stb häkeln, dann auf jede Lm 1 Stb häkeln (= M-Zahl teilbar durch 4 + 2).
2. Reihe: 2 Lm als Ersatz für das 1. Stb, * 2 Stb von vorne um den Stb-Hals der Vor-R, 2 Stb von hinten um den Stb-Hals der Vor-R häkeln, ab * stets wdh., enden mit 1 Stb um das Ersatz-Stb der Vor-R.
3. Reihe: 2 Lm als Ersatz für das 1. Stb, dann die Relief-Stb häkeln, wie sie erscheinen.
4. Reihe: 2 Lm als Ersatz für das 1. Stb, * 2 Stb von hinten um den Stb-Hals der Vor-R, 2 Stb von vorne um den Stb-Hals der Vor-R häkeln, ab * stets wdh., enden mit 1 Stb um das Ersatz-Stb der Vor-R.
5. Reihe: 2 Lm als Ersatz für das 1. Stb, dann die Relief-Stb häkeln, wie sie erscheinen.
Die 2.–5. R stets wdh.

Maschenprobe

18 M/12 R = 10 x 10 cm

So wird's gemacht

Je nach gewünschter Größe 24/36/48 Lm in der entsprechenden Farbe anschlagen und 36/56/70 cm im Grundmuster gerade hoch häkeln.

Fertigstellung

Die Teile zweifädig (= 1 Faden Lyric und 1 Faden Lamé gold) mit der Häkelnadel Nr. 6 mit 1 R fM und 1 R Krebsmaschen zusammenhäkeln, dabei die untere Hälfte von der rechten Seite schließen, die obere Hälfte von der linken Seite schließen: Dafür bei der Krebsmaschen-R beim Nahtwechsel die beiden Fäden lang genug abschneiden, auf die andere Seite ziehen und weiterhäkeln. Den Umschlag ein- oder zweimal umkrempeln und beidseitig ca. 4 cm lange Goldquasten annähen. Hierfür das Lamégarn ca. 25-mal um ein 5 cm breites Stück Pappe wickeln, zur Quaste abbinden und auf ca. 4 cm zurückschneiden.

NIKOLAUSSTIEFEL

Größe: ca. 15 cm Sohlenlänge, 14 cm hoch

Material
- Je 50 g *Coats Lyric 8/8* (LL 70 m/50 g) in Schwarz (Fb 501), Rot (Fb 508) und Weiß (Fb 500)
- Häkelnadel Nr. 4 oder 4,5

Häkelmuster

Grundmuster
Stb in Rd häkeln. Als Ersatz für das 1. Stb stets 3 Lm häkeln und die Rd mit 1 Km in die 3. Lm des Ersatz-Stb schließen.

Noppenmuster
M-Zahl teilbar durch 2.
* 3 Stb in eine Einstichstelle, die Häkelnadel aus der Schlinge nehmen, in die 1. M einstechen und die Schlinge der letzten M durchziehen, 1 Stb in die folgende M der Vor-Rd; ab * stets wdh.
Das Noppenmuster versetzt sich in jeder Rd.

Maschenprobe
15 M/10 R = 10 x 10 cm

So wird's gemacht
17 Lm in Schwarz anschlagen, in die 4. Lm von der Nadel aus das 1. Stb häkeln (= 14 Stb + Ersatz-Stb).

1. Runde: 3 Lm als Ersatz für das 1. Stb, um das Stb der Vor-R 5 Stb häkeln, 13 Stb, um das letzte Stb 6 Stb, auf der anderen Seite der Anfangs-R 13 Stb häkeln (= 38 M).

2. Runde: 3 Lm als Ersatz für das 1. Stb und 1 Stb in die 1. M, die folgenden 5 Stb verdoppeln (= 2 Stb in eine Einstichstelle), 13 Stb, die folgenden 6 Stb verdoppeln, 13 Stb (= 50 M).

3. Runde: 3 Lm als Ersatz für das 1. Stb, 1 Stb, 5x jedes 2. Stb verdoppeln, 16 Stb, 5x jedes 2. Stb verdoppeln, 14 Stb (= 60 M).

4. Runde: Für die Sohlenkante 1 Rd fM häkeln, diese jedoch um den Stb-Hals der Vor-Rd arbeiten: So entsteht eine Kante.

5. Runde: Noppenmuster (siehe oben).
Den Stiefel in Rot im Grundmuster weiterarbeiten.

6. Runde: Stb häkeln.

7.–9. Runde: Die mittleren 18 M über einer Rundung kennzeichnen und über diesen M die Abnahmen nach der Häkelschrift arbeiten (= 39 M).

10.–12. Runde: Stb häkeln, dabei in der 10. Rd über der Mitte noch 1 x 2 Stb zus. abmaschen (= 38 M).

13.–15. Runde: In Weiß im Noppenmuster häkeln, dabei die Noppen in jeder Rd versetzen.

| Stäbchen (Stb)
⋀ 2 zus. abgemaschte Stäbchen
⋀ 3 zus. abgemaschte Stäbchen

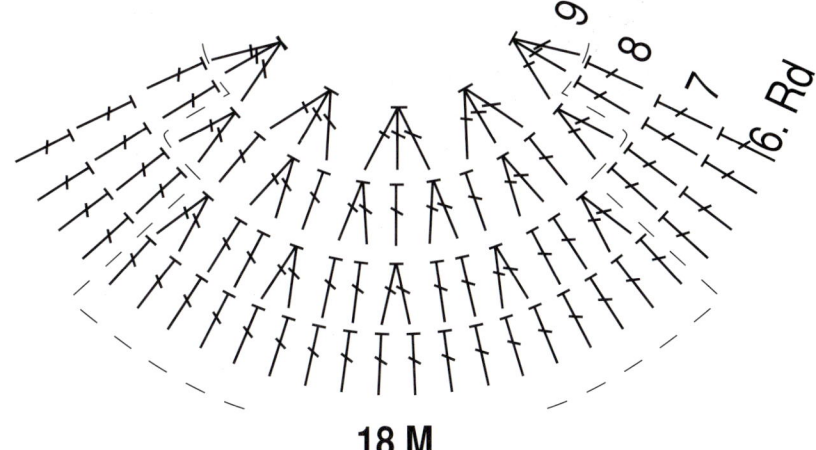

18 M

Rote Quasten

ROTE QUASTEN

Größe: ca. 12 cm lang

Material

Für ein Paar Quasten:
- je 50 g *Coats Lyric 8/8* (LL 70m/50 g) in Rot (Fb 508) und in Dunkelrot (Fb 565)
- 9 Stränge *Anchor Lamé* in Gold Nr. 303
- 2 große Perlen für die Mitte, ca. 1,5 cm Ø
- Häkelnadeln Nr. 2,5 und 8

So wird's gemacht

Zunächst mit Häkelnadel Nr. 8 die Kordel dreifädig arbeiten (je 1 Faden in Rot, Dunkelrot und Gold): 75 Lm häkeln und diese mit 1 R Km behäkeln. Die Grundquaste aus je 120 ca. 25 cm langen Fäden fertigen: Rot und Dunkelrot zusammen mit 1 Strang *Lamé* in Gold (siehe Bildfolge unten).

Das Köpfchen aus *Lamé* wie folgt arbeiten: In einen Fadenring 1 Lm und 6 fM häkeln. Die Rd mit 1 Km schließen.

2. Runde: Jede M verdoppeln (über 1 M der Vor-Rd 2 fM häkeln; = 12 M).

3. Runde: Über jede fM 11 x 4 Lm und 1 fM häkeln, für den letzten Lm-Bogen 1 Lm und 1 Stb in die letzte fM der Vor-Rd (= 12 Lm-Bogen).

4. – 7. Runde: Um jeden Lm-Bogen der Vor-Rd 6 Lm und 1 fM häkeln, für den letzten Lm-Bogen 2 Lm und 1 Doppel-Stb in die 1. Lm vom Rd-Anfang (= 12 Lm-Bogen).

8. Runde: * 25 Lm häkeln, in die 6. M von der Nadel aus 1 Km arbeiten. In diesen Ring 8 fM und 1 Km in den Ringanfang häkeln, 19 Lm häkeln, 1 fM um den Lm-Bogen der Vor-Rd häkeln. Die folgende Lm-Kette kürzer arbeiten: 20 Lm häkeln, in die 6. M von der Nadel aus 1 Km arbeiten. In diesen Ring 8 fM und 1 Km in den Ringanfang häkeln, 14 Lm häkeln, 1 fM um den Lm-Bogen der Vor-Rd häkeln. Ab * noch 5x wdh (= 12 Häkelschnüre).

Den Häkelfaden ca. 30 cm lang abschneiden und durch die fM der letzten Rd ziehen. Die Häkelarbeit anfeuchten und in Form ziehen, dabei rollen sich die Häkelschnüre zur Kordel zusammen. Das Köpfchen über die Grundquaste ziehen, den Faden der letzten Rd fest anziehen und die Quaste mehrfach umwickeln, das Fadenende mit einer Nadel in die Quastenmitte ziehen. Die Lm-Kette auf 2 Lm kürzen und mit der Kordel beide Quasten verbinden. Die Kordelendfäden mit Hilfe einer langen Nadel in die Quastenmitte ziehen.

Grundquasten

Eine Perle mittig auf einen ca. 60 cm langen Faden knoten und zweifädig ca. 8 Luftmaschen häkeln.

Die Fransen mittig bündeln, dabei die Luftmaschenkette mit der Perle mitfassen, fest abbinden.

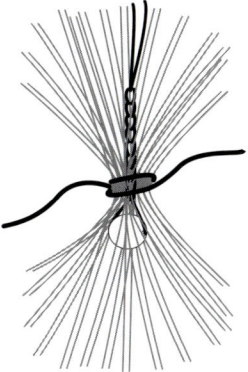

Die Luftmaschenkette hochziehen und die Fransenbündel gleichmäßig nach unten streichen. Dann unter der Perle fest abbinden.

Die Quasten mit einem Wäschesprüher anfeuchten und mit einem grobzinkigen Kamm glätten, dann auf eine gleichmäßige Länge zurückschneiden.

Zwei Tischsets

ZWEI TISCHSETS

Tischset mit Sternen

Größe: ca. 45 x 32 cm

Material

- 200 g *Coats Lyric 8/8* (LL 70 m/50 g) in Dunkelblau (Fb 529)
- 25 g *Anchor Arista* in Gold (Fb 300)
- Häkelnadel Nr. 4,5 oder 5
- Sticknadel mit Spitze

Häkelmuster

Grundmuster
Ungerade M-Zahl anschlagen.
1. Reihe: In die 2. Lm von der Nadel aus, dann in jede Lm 1 fM häkeln.
2. und alle folgenden Reihen: 1 Wende-Lm, * 1 fM, die folgende fM 1 R tiefer einstechen, ab * stets wdh.

Maschenprobe

15 M/20 R = 10 x 10 cm

 ZWEI TISCHSETS

so wird's gemacht

67 Lm sehr locker anschlagen (evtl. mit Häkelnadel Nr. 6) und im Grundmuster mit Nadel Nr. 4,5 oder 5 arbeiten (= 66 M). Nach ca. 32 cm für die Umrandung die Seiten und die untere Kante mit fM behäkeln. In der folgenden Rd in Arista gold Km häkeln, dabei sehr locker häkeln, sodass die Kante nicht eingehalten wird. Als Abschluss noch 1 Rd fM in Dunkelblau, für diese M jedoch nur in die dunkelblauen M-Glieder der 1. R einstechen. 3 verschieden große Sterne unregelmäßig verteilt in die untere linke Ecke sticken: Die Sterne auf Papier übertragen, ausschneiden und auf dem Set anordnen. Die Konturen in *Arista* goldfarben im Kettenstich nachsticken.

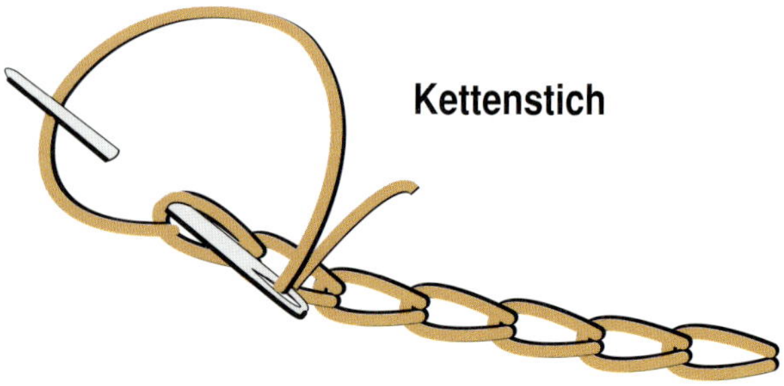

Kettenstich

ZWEI TISCHSETS

Tischset im Karomuster

Größe: ca. 45 x 32 cm

Material

◆ 100 g *Coats Lyric 8/8* (LL 70 m/50 g) in Dunkelblau (Fb 529)
◆ 50 g *Coats Lyric 8/4* (LL 150 m/50 g) in Dunkelblau (Fb 529)
◆ 50 g *Anchor Arista* in Silber (Fb 301)
◆ Häkelnadel Nr. 4,5 oder 5

Häkelmuster

Grundmuster
M-Anschlag teilbar durch 3.
fM und Relief-Stb in R häkeln, dabei jede R mit 1 Lm wenden.
1. und 2. Reihe: fM in *Lyric 8/8*.
3. und 4. Reihe: fM in *Lyric 8/4* mit *Arista*.
5. Reihe: In *Lyric 8/8* * 2 fM, 1 Relief-Stb von vorne 3 R tiefer eingestochen um den M-Hals der 2. R, dafür das M-Glied der letzten Farb-R übergehen, ab * stets wdh., enden mit 2 fM.
Die 2. – 5. R stets wdh.

Maschenprobe

18 M/19 R = 10 x 10 cm

So wird's gemacht

57 M in *Lyric 8/8* anschlagen und im Grundmuster häkeln (= 56 M). Das Set endet nach ca. 45 cm mit 2 R *Lyric 8/8*. Das Set mit 1 R fM und 1 R Km in *Lyric 8/4* + *Arista* umhäkeln.

PARTNERSET

Fertige Größe: 52 x 146 cm
Spitzenbreite: ca. 12 cm

Material

- 3 Knl. *Anchor Liana 10* (LL 265 m/50 g) in Weiß (Fb 01)
- Häkelnadel Nr. 1,25 oder 1,50
- 1 Knl. *Anchor Arista* in Silber (Fb 301)
- ca. 0,35 m Marmor-Stoff (Art. 2460 von *Zweigart & Sawitzki*) in Silbergrau (Fb 876), 170 cm breit
- *Coats* Polyester-Nähgarn

Maschenprobe

ca. 15 Filetkaros und 15 R = 10 x 10 cm
Die Karos des Filetmusters sollten quadratisch sein, deshalb wahlweise mit Stäbchen oder 1½-fach-Stäbchen häkeln.

So wird's gemacht

40 Lm anschlagen und in die 5. Lm von der Nadel aus das 1. Stb häkeln. Nach der Häkelschrift (S. 32) und der Schemazeichnung (S. 33) arbeiten. Für den Rapport in der Höhe die 1.–16. R stets wdh. Die Borte an 2 Ecken im 45°-Winkel arbeiten. Bei den Zunahmen werden die Ecken gleich mit Km aneinander gehäkelt. Die 2. Borte seitlich an die vorhergehende Borte anhäkeln. Die letzte R an die Anschlagkante der 1. Borte nähen. Die Innenkante mit fM und Pikots behäkeln, dabei evtl. um jedes Filetkaro abwechselnd 3 und 2 fM häkeln. Die Außenkante mit dem Zackenrand mit 1 R fM behäkeln, dabei an den Innenecken 1 fM um das offenen Filetkaro stechen, an den Außenecken 2 Lm um die Ecke, zwischen den Ecken je 2 fM (nicht in der Häkelschrift eingezeichnet). Die innere Zackenkante des Filetmusters von der linken Seite aus mit einer R Km in Silber behäkeln (siehe Schemazeichnung), dabei den Häkelfaden auf der Unterseite mitführen. Die Borte spannen, anfeuchten und trocknen lassen.

Nähen

Der Zuschnitt des Stoffes richtet sich nach den Maßen der gespannten Häkelborte. Zu diesem Innenmaß ringsherum 3,5 cm dazu rechnen und die Kanten für einen 1 cm breiten, doppelten Saum umbügeln. Die Borte auf die rechte Stoffseite legen, das ein Filetkaro aufliegt. Die Borte ringsherum aufsteppen, dabei wird der Saum gleich mitgefasst.
Nach Wunsch die Quasten arbeiten (S. 32/33) und an die spitzen Ecken nähen.

PARTNERSET

Randborte mit 45°-Winkel

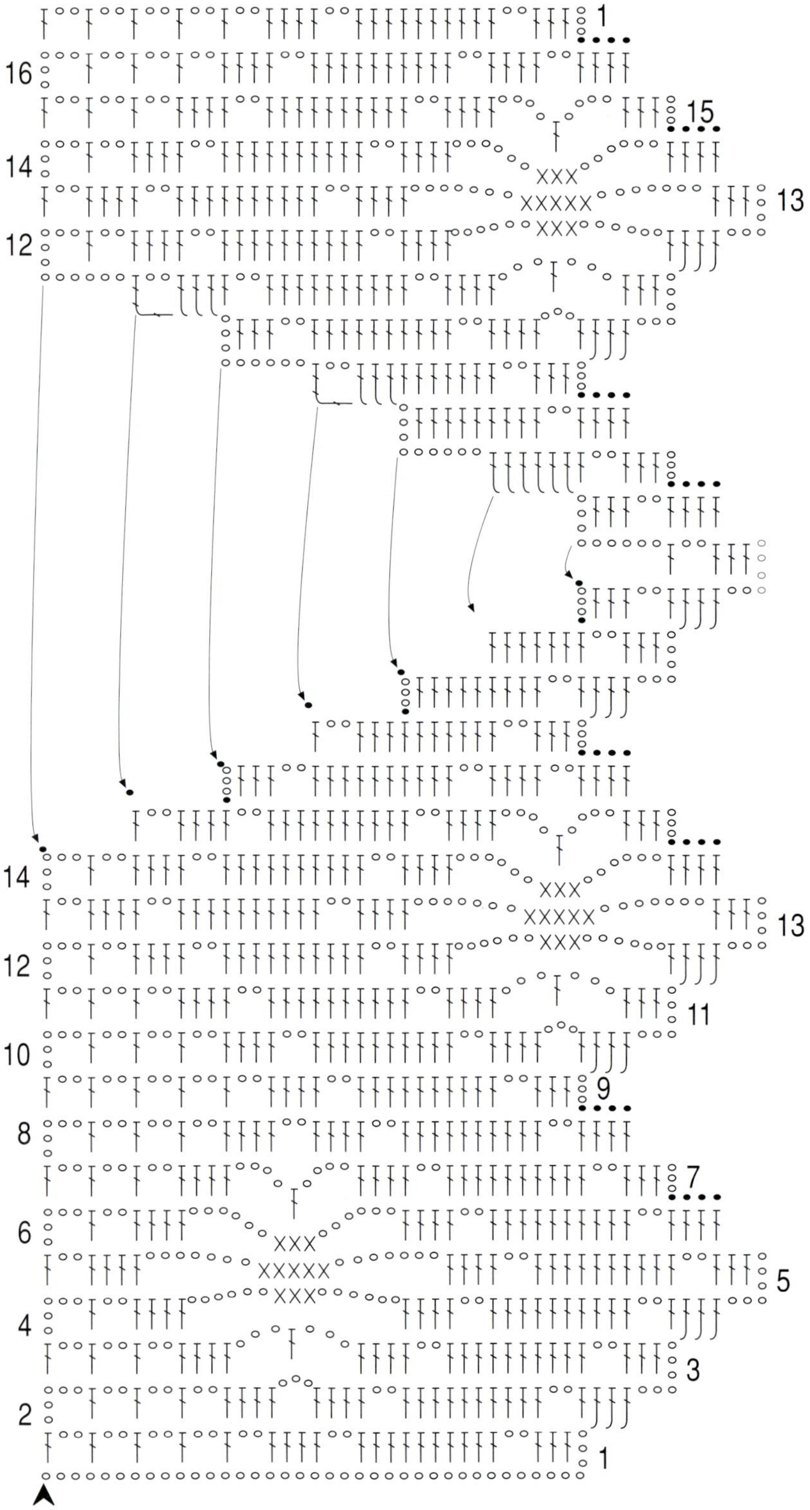

Quastenpaar für das Partnerset

Größe ca. 5,5 cm lang

Material

Für ein Paar:
- ca. 8 g *Anchor Liana 10* (LL 265 m/50 g) in Weiß (Fb 1),
- 1 Strang *Anchor Lamé* in Silber (Fb 301)
- 2 Perlen für die Mitte
- Häkelnadeln Nr. 1,5 und 2

▲   Anfang

○   1 Luftmasche (Lm)

●   1 Kettmasche (Km)

✕   1 feste Masche (fM)

┼   1 Stäbchen (Stb)

○   1 Pikot: 3 Luftmaschen, zurück in die 1. Luftmasche 1 Kettmasche häkeln

⌡   Stäbchen mit Fußschlinge: Umschlag aufnehmen, 1 Schlinge aus der letzten Einstichstelle durchholen, Schlinge mit Umschlag abmaschen, dann das Stäbchen häkeln.

└   1 Dreifach-Stäbchen

PARTNERSET

so wird's gemacht

Die Grundquaste (siehe Schritt-für-Schritt-Anleitung auf S. 25) aus 100 ca. 15 cm langen Fäden fertigen, davon 10 Fäden in Silber und 90 Fäden in Weiß. Das Köpfchen aus *Liana 10* wie folgt arbeiten: In einen Fadenring 1 Lm und 8 fM häkeln.

2. Runde: Jede fM verdoppeln (= 16 M).

3. Runde: 4 Lm als Ersatz für das 1. Doppel-Stb, dann über jede M der Vor-Rd Doppel-Stb häkeln, die Rd mit einer Km um die Lm am Rd-Anfang beenden (= 15 M + Ersatz-M).

4. Runde: * 18 Lm häkeln, in die 3. M von der Nadel aus 1 Km arbeiten (= Pikot), 15 Lm häkeln, 1 fM zwischen 2 Doppel-Stb der Vor-Rd häkeln, ab * noch 7x wdh.

Den Häkelfaden ca. 30 cm lang abschneiden und durch die fM der letzten Rd ziehen. Die Häkelarbeit anfeuchten und in Form ziehen. Das Köpfchen über die Grundquaste ziehen, den Häkelfaden der letzten Rd fest anziehen und die Quaste mehrfach umwickeln, das Fadenende mit einer Nadel in die Mitte ziehen. Die Fransen gleichmäßig zurückschneiden (ca. ½ cm länger als die Lm-Schnüre). Die obere Lm-Kette auf 4 M kürzen, dann die Quasten an die Spitzen des Partnersets nähen.

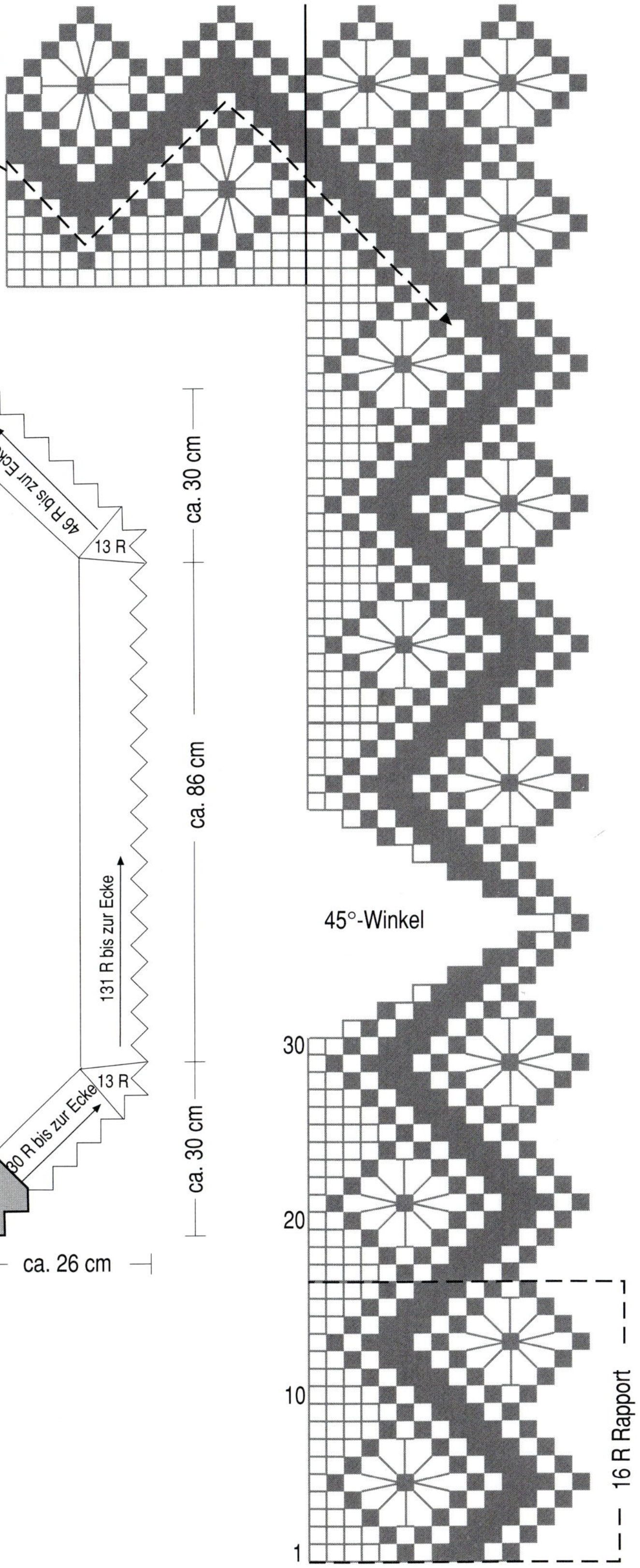

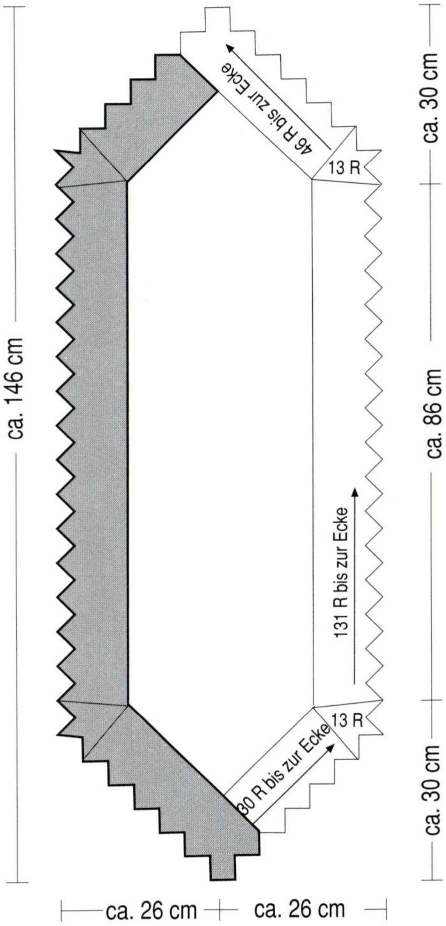

Häkel-R in Arista-silber: von der linken Seite eine Luftmaschenkette häkeln, dabei den Arbeitsfaden auf der Unterseite mitführen.

45°-Winkel

16 R Rapport

ca. 146 cm

ca. 26 cm + ca. 26 cm

ca. 30 cm

ca. 86 cm

ca. 30 cm

13 R

46 R bis zur Ecke

131 R bis zur Ecke

30 R bis zur Ecke

13 R

Eissterne

Sterngröße: ca. 7,5 cm

Material

- je 1 Knl. *Coats Floretta 10* (LL 130 m/25 g) in Weiß (Fb 4400) und Hellblau (Fb 4427)
- 1 Knl. *Anchor Orion* in Silber (Fb 301)
- *Coats* Drahtformen »Stern«
- Garnhäkelnadel Nr. 1,25 oder 1,5
- Häkelnadel Nr. 2 für die silberfarbene Umrandung
- evtl. Textilkleber

So wird's gemacht

Die Sternfüllungen in *Floretta 10* in Weiß oder Hellblau nach den Häkelschriften arbeiten. Die Häkelmotive wie folgt in den Stern spannen: An den Verbindungspunkten der Motive einen Silberfaden einknüpfen und den Stern in den Rahmen spannen, evtl. mit Textilkleber zusätzlich fixieren. Die Sternform in *Anchor Orion* in Silber behäkeln, von Sternspitze bis Sternspitze etwa 30 fM häkeln, dabei die Spannfäden einhäkeln. Zum Schluss die Sterne nach Wunsch miteinander verbinden. Die Teile können mit Hilfe von Saughaken oder an einem unsichtbaren Nylonfaden ins Fenster gehängt werden.

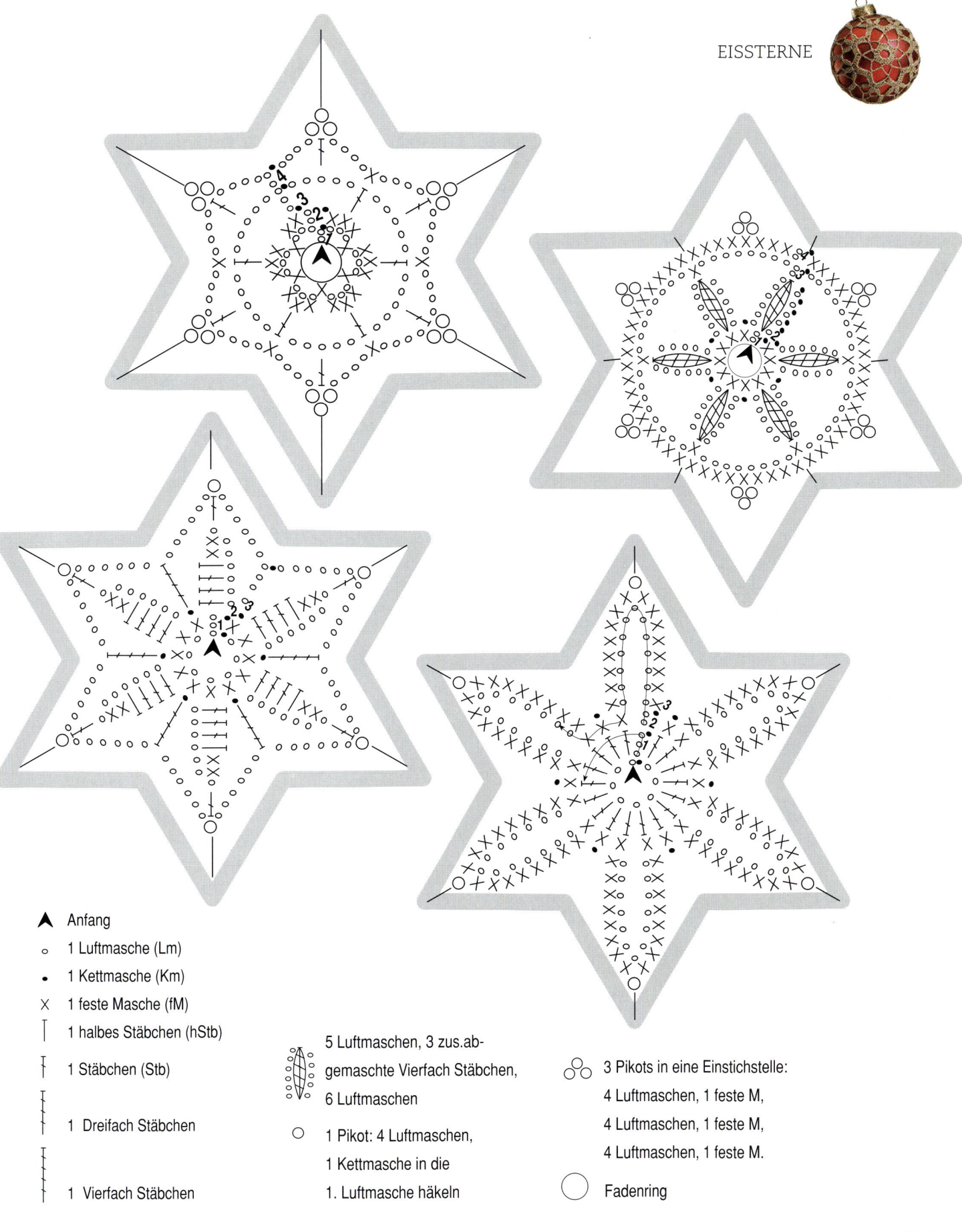

Zwei Fensterbilder

Fensterbild Weihachtsstern

Größe: ca. 29 x 22 cm

Material

- je 1 Knl. *Coats Floretta* 10 (LL 130 m/25 g) in Grün (Fb 4425), Rot (Fb 4411) und Hellgrün (Fb 4428)
- 1 Rolle *Anchor Metallic* in Gold (Fb 300)
- 1 *Coats* Drahtform oval
- Garnhäkelnadel Nr. 1,25 oder 1,5
- Sticknadel
- evtl. Textilkleber

So wird's gemacht

Die Blütenmitten (A) sowie die roten Hoch- und die grünen Laubblätter (B) nach der Häkelschrift und der Schemazeichnung arbeiten. Wo die Blätter aufeinander treffen, werden sie mit Km verbunden. An den Blattspitzen lange Fäden hängen lassen und damit entsprechend lange Lm-Ketten zum Einspannen häkeln. Die Blütenmitten doppelfädig mit *Anchor Metallic* in Gold im Wickelstich besticken. Die Motive nach der Schemazeichnung verbinden und in den Rahmen spannen. Die Drahtform mit *Floretta* in Grün umhäkeln. Häkeln Sie so viele fM um die Form, wie zwischen den Einhängestellen benötigt werden. Für einige Ver-

ZWEI FENSTERBILDER

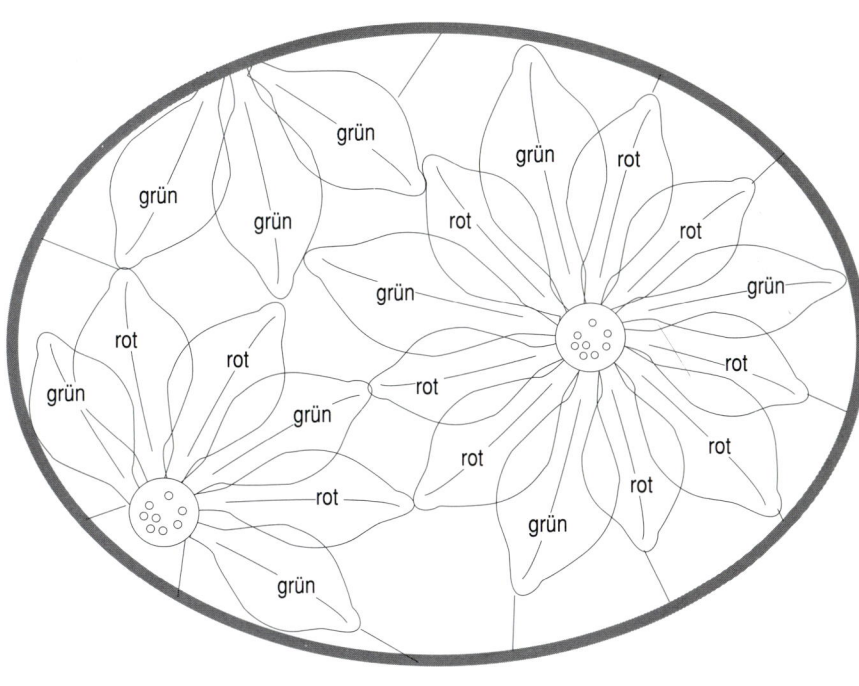

bindungsstellen, die nicht mit Lm-Ketten gearbeitet sind, entsprechend lange Stb häkeln (Doppel-, Dreifach-, Vierfach- oder Fünffach-Stb). Das Bild kann mit Hilfe eines Saughakens oder an einem unsichtbaren Nylonfaden ins Fenster gehängt werden.

Zur Häkelschrift Weihnachtsstern

A

Blütenmitte in Hellgrün Fb 4428: doppelfädig im Wickelstich besticken mit *Anchor Metallic*

B

Blätter wahlweise in Rot Fb 4411 und Grün Fb 4425. Um die Blätter in der Länge zu variieren, die 8. und 9. R teilweise zweimal häkeln.

- ▲ Anfang
- ∘ 1 Luftmasche (Lm)
- • 1 Kettmasche (Km)
- × 1 feste Masche (fM)
- † 1 Stäbchen (Stb)
- † 1 Relief-Stb von hinten einstechen
- † 1 Relief-Stb von vorne einstechen
- ⋀ 2 Stb zusammen abmaschen
- ⋀ 3 Stb zusammen abmaschen

37

ZWEI FENSTERBILDER

Rundes Fensterbild Christrose

Größe: ca. 20 cm Ø

Material

- je 1 Knl. *Coats Floretta 10* (LL 130 m/25 g) in Grün (Fb 4425), Natur (Fb 4401) und Gelb ombré (Fb 4490)
- Garnhäkelnadel Nr. 1,25 oder 1,5
- Sticknadel
- 1 *Coats* Drahtform rund

So wird's gemacht

Die Blüten und Blätter nach der Häkelschrift und der Schemazeichnung arbeiten. Zuerst die Blütenmitte A und die Blütenblätter B häkeln, dabei über jedes Blütenblatt am Schluss mittig 1 R Km häkeln, dann mit dem nächsten Blütenblatt beginnen: So sind keine Fäden zu vernähen. Für die grünen Blätter C von der linken Seite zwischen den Blütenblättern einen Faden anketten und 5 bis 6 Lm doppelfädig häkeln. Dann weiter einfädig nach der Häkelschrift arbeiten, an der Spitze einen langen Faden zum Einspannen hängen lassen. Die fertige Blüte in den Rahmen spannen, dabei werden die Blütenblätter mit 10 bis 12 Lm in den Rahmen gespannt. Hierfür einen langen Faden in Natur mittig in die Blütenblattspitze einknüpfen und über beide Fäden 10 bis 12 Lm häkeln. Die grünen Blätter mit 3 bis 8 Lm einspannen. Zum Umhäkeln der Drahtform verwenden Sie das naturfarbene Garn. Häkeln Sie so viele fM um die Form, wie zwischen den Einhängestellen benötigt werden (siehe auch Schemazeichnung). Dabei werden auch die Spannfäden eingehäkelt. Das Bild kann mit Hilfe eines Saughakens oder an einem unsichtbaren Nylonfaden ins Fenster gehängt werden.

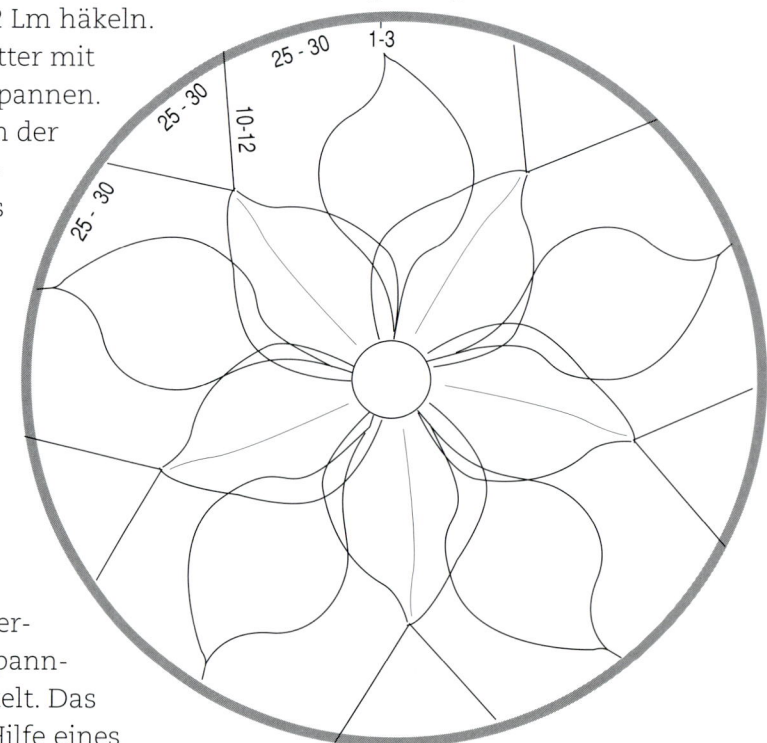

ZWEI FENSTERBILDER

Zur Häkelschrift Christrose

A
Blütenmitte in Gelb ombré Fb 4490.
Nach Fertigstellung der Blüte die Mitte im Wickelstich besticken.

B
Blütenblätter in Natur Fb 4401.
Um die Blüte in der Länge zu variieren, die 5. R teilweise zweimal häkeln.
Um die Blütenmitte 5 Blätter häkeln.

C
Blätter in Grün Fb 4425.
Die Blätter mit doppeltem Faden und 4 bis 5 Luftmaschen von der linken Seiten an die Blüte anketten und nach der Häkelschrift arbeiten.

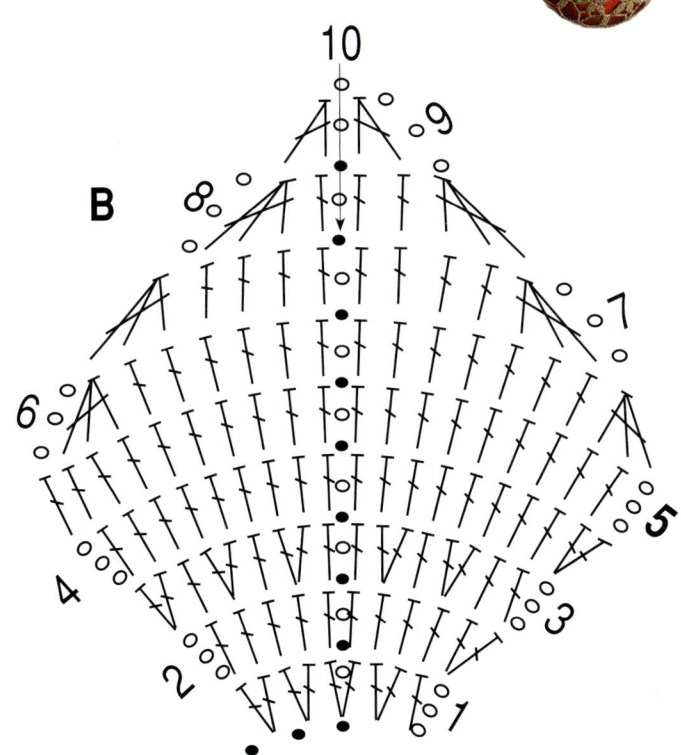

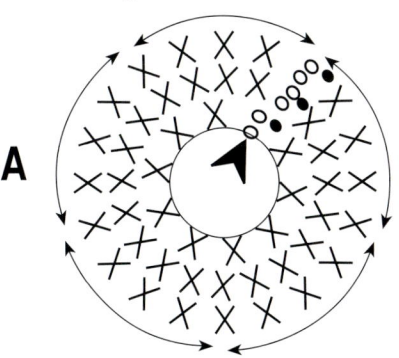

▲ Anfang
○ 1 Luftmasche (Lm)
● 1 Kettmasche (Km)
✕ 1 feste Masche (fM)
┼ 1 Stäbchen (Stb)
Ⱦ 2 Stäbchen zusammen abmaschen
Ⱦ 3 Stäbchen zusammen abmaschen
◯ Fadenring

39

Weihnachtliche Borten

Sternenborte

Sternmotiv: ca. 4,5 cm
Randborte: ca. 6 cm breit
Einsatzborte: ca. 7 cm breit

Material

- Anchor Liana 10 (LL 265 m/50 g) in Rot (Fb 46; 50 g reichen für ca. 210 cm Randborte oder 170 cm Einsatzborte)
- Anchor Orion in Gold (Fb 300)
- Häkelnadel Nr. 1,25 oder 1,50

So wird's gemacht

Zuerst die Einzelmotive arbeiten. Hierfür 8 Lm mit 1 Km zur Runde schließen. In den Lm-Ring 12 fM häkeln und mit 1 Km schließen. Weiter nach der Häkelschrift arbeiten. Der Verlauf der 3. Rd ist im 1. Motiv mit einer Linie gekennzeichnet. Nach 4 Rd ist das Motiv fertig.

WEIHNACHTLICHE BORTEN

Alle weiteren Motive ebenso häkeln, jedoch in der 4. Rd die Motive an die vorhergehenden anhäkeln: Anstelle des Pikots 1 Lm häkeln, die Schlinge lang ziehen und die Nadel aus der Schlinge nehmen. Die Häkelnadel in das Pikot des vorhergehenden Motives einstechen, die Schlinge durchholen und anziehen, 1 Lm häkeln und das Pikot mit 1 Km in die 1. Lm beenden. Bei der Eckbildung der Randborte die Motive mit Pikots und Stegen von 3 bzw. 5 Lm, die mit Km behäkelt werden, aneinanderketten. Die Umrandung um die Innenkante häkeln, dabei die 3. R in *Orion* in Gold arbeiten (in der Häkelschrift grau unterlegt). Soll statt der Rand- eine Einsatzborte entstehen, die Umrandung beidseitig häkeln (siehe Häkelschrift).

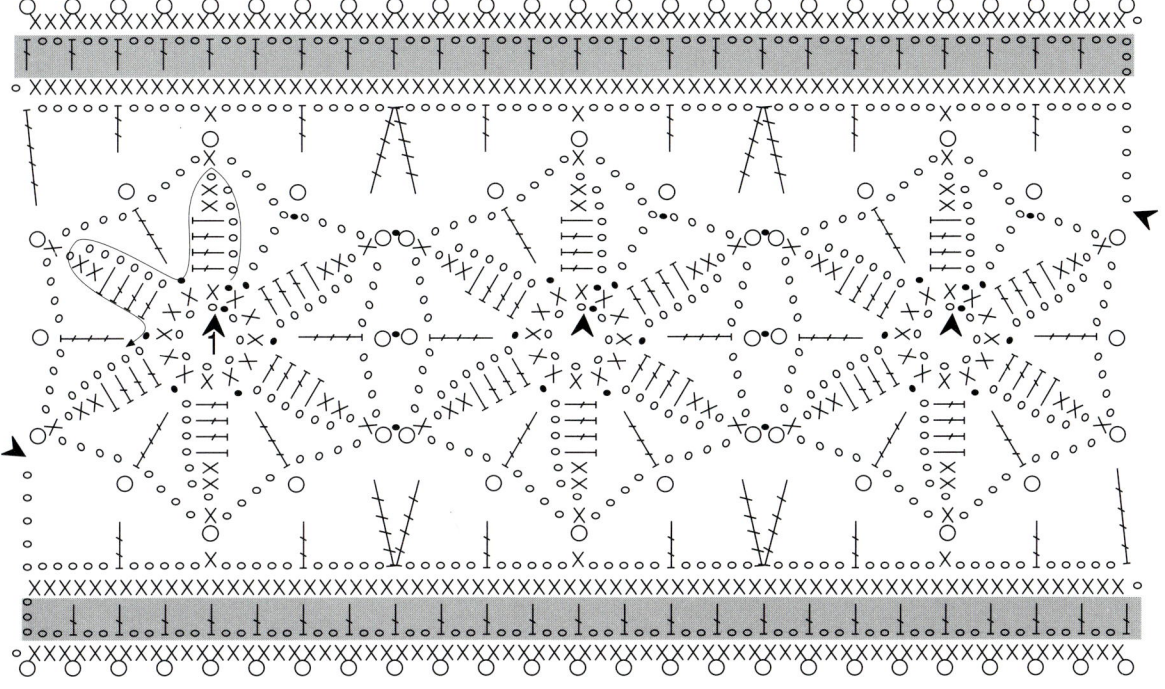

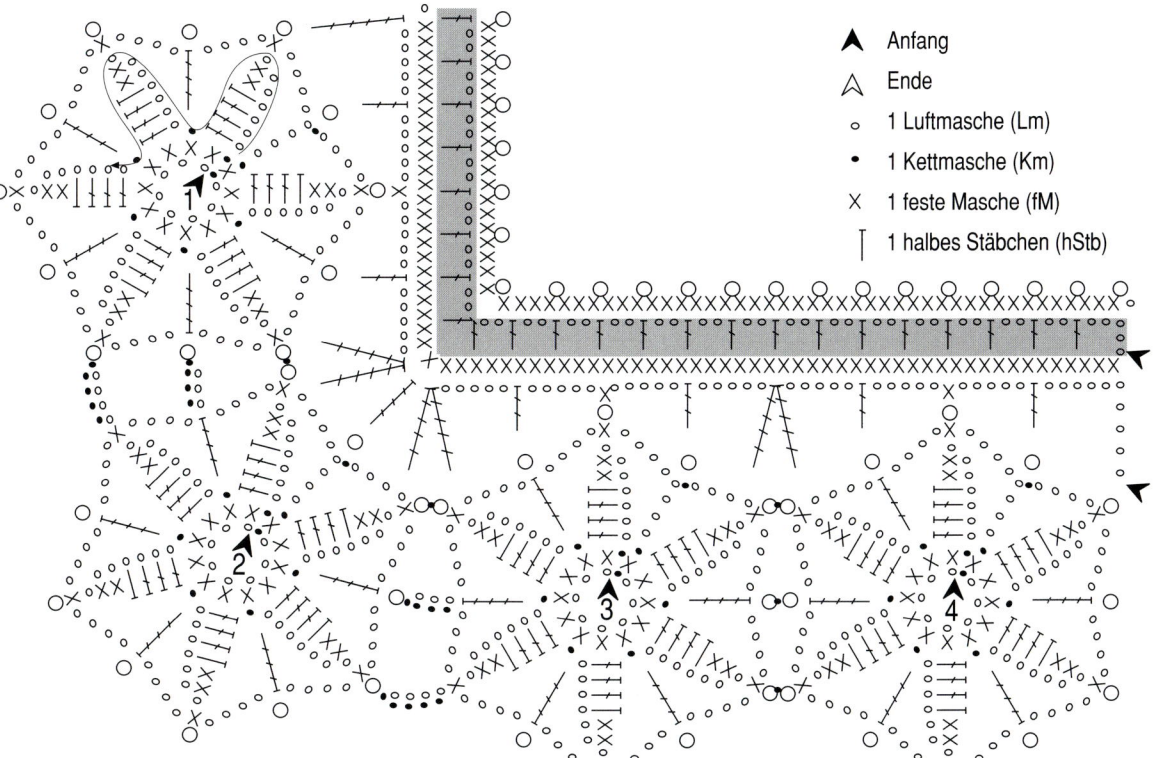

▲ Anfang
△ Ende
o 1 Luftmasche (Lm)
• 1 Kettmasche (Km)
× 1 feste Masche (fM)
| 1 halbes Stäbchen (hStb)

† 1 Stäbchen (Stb)
‡ 1 Doppelstäbchen
‡ 1 Dreifach-Stäbchen
‡ 1 Vierfach-Stäbchen

O 1 Pikot: 3 Luftmaschen, 1 Kettmasche in die 1. Luftmasche häkeln

Filetborte

So wird's gemacht

Einsatzborte: ca. 25 cm breit
Randborte: ca. 19 cm breit

Material

- Anchor Liana Metallic in Rot/Gold (Fb 7046; 50g reichen für ca. 50 cm Einsatzborte bzw. 85 cm Randborte)
- Häkelnadel Nr. 1,25 oder 1,50

Die Filetspitze nach dem entsprechenden Zählmuster arbeiten. Für die Einsatzborte 110 Lm, für die Eckborte 45 Lm anschlagen und in die 9. Lm von der Nadel aus das 1. Stb häkeln (= 35 bzw. 13 Filetkaros). Der grau unterlegte Teil im Zählmuster zeigt die Eckbildung. Die Häkelschrift zeigt das Arbeiten mit verkürzten R, ebenfalls grau unterlegt bis zur Spitze, dann folgen die R zur Ergänzung der Ecke. An den Innenrand der Spitzen sowie an beide Kanten der Einsätze den Pikotrand nach der Häkelschrift arbeiten.

Die fertigen Häkelteile anfeuchten, spannen und trocknen lassen.

Nähen

Die Kanten des Stoffzuschnitts mit farblich passendem Garn mit einem breiten und engen Zickzackstich versäubern. Die Spitze und den Einsatz ca. 1 cm breit auf den Stoff legen und mit einem schmalen Zickzackstich aufsteppen.

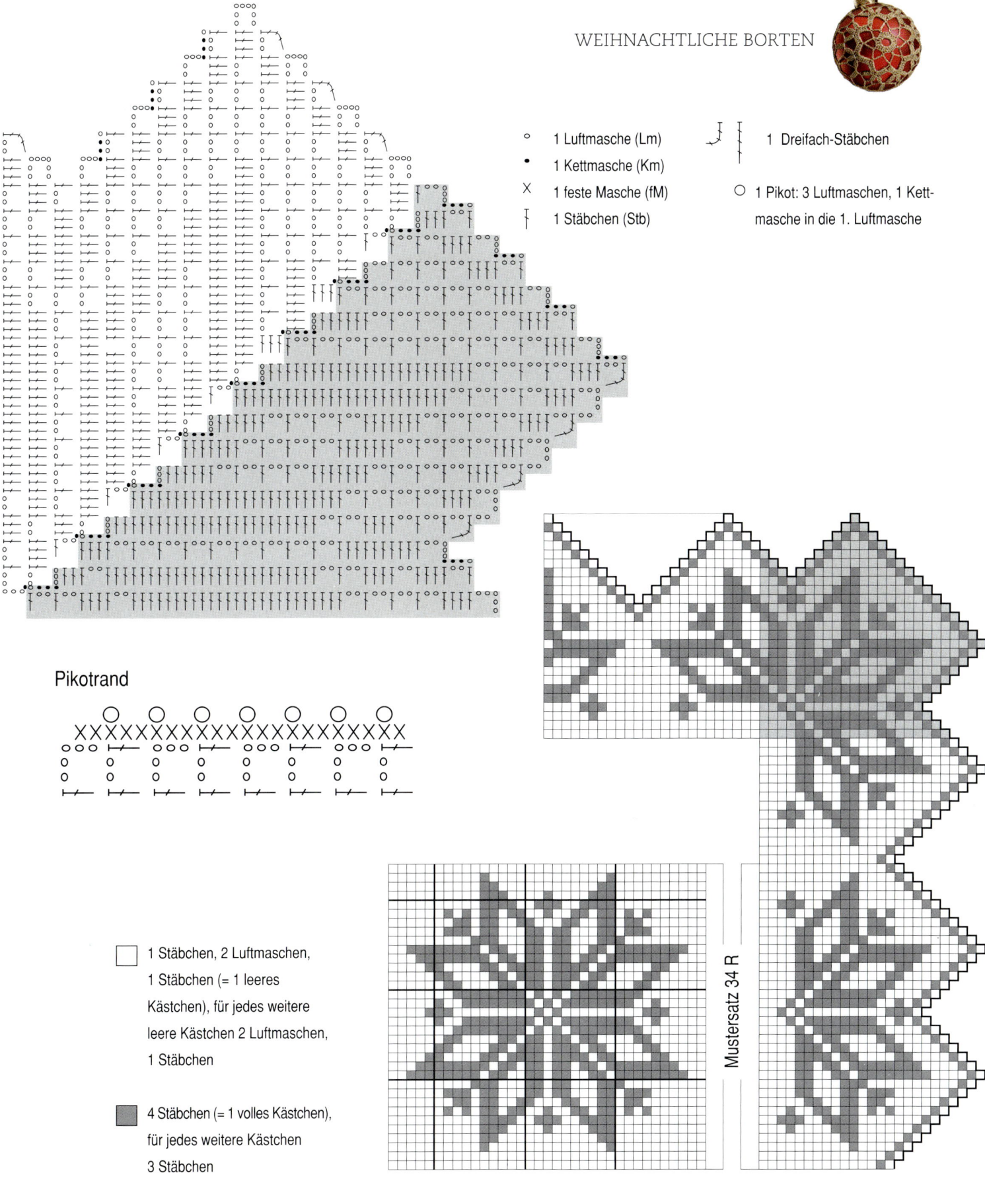

Sternendeckchen

Spitzenbreite: ca. 3 cm
Sternendeckchen: ca. 31 cm Ø

STERNENDECKCHEN

Material

- 1 Knl. *Anchor Liana 10* (LL 265 m/50 g) in Weiß (Fb 1)
- 1 Knl. *Anchor Orion* in Gold (Fb 300)
- Häkelnadel Nr. 1,25 oder 1,50
- 1 Anhäkeldeckchen »Stern« in Weiß/Gold

so wird's gemacht

Nach der Häkelschrift arbeiten. Die Zahlen rechts geben die Rd an. Für den Lochrand der Sternendecke ist eine Kästchenreihe gezeichnet. Nach dem Häkeln das Deckchen spannen, anfeuchten und trocknen lassen.

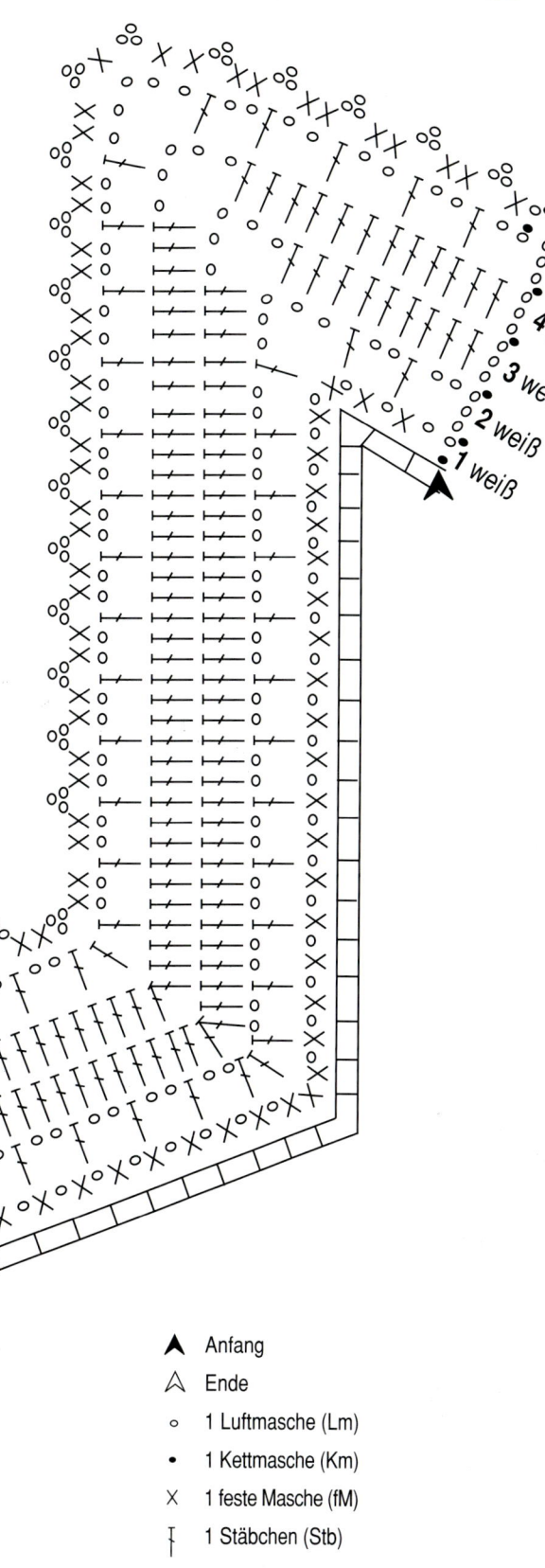

- 6 weiß
- 5 gold
- 4 gold
- 3 weiß
- 2 weiß
- 1 weiß

▲ Anfang
△ Ende
○ 1 Luftmasche (Lm)
• 1 Kettmasche (Km)
X 1 feste Masche (fM)
┼ 1 Stäbchen (Stb)

Drei Grußkarten

STERNENDECKCHEN

Material

- 1 Knl. *Anchor Liana 10* (LL 265 m/50 g) in Weiß (Fb 1)
- 1 Knl. *Anchor Orion* in Gold (Fb 300)
- Häkelnadel Nr. 1,25 oder 1,50
- 1 Anhäkeldeckchen »Stern« in Weiß/Gold

So wird's gemacht

Nach der Häkelschrift arbeiten. Die Zahlen rechts geben die Rd an. Für den Lochrand der Sternendecke ist eine Kästchenreihe gezeichnet. Nach dem Häkeln das Deckchen spannen, anfeuchten und trocknen lassen.

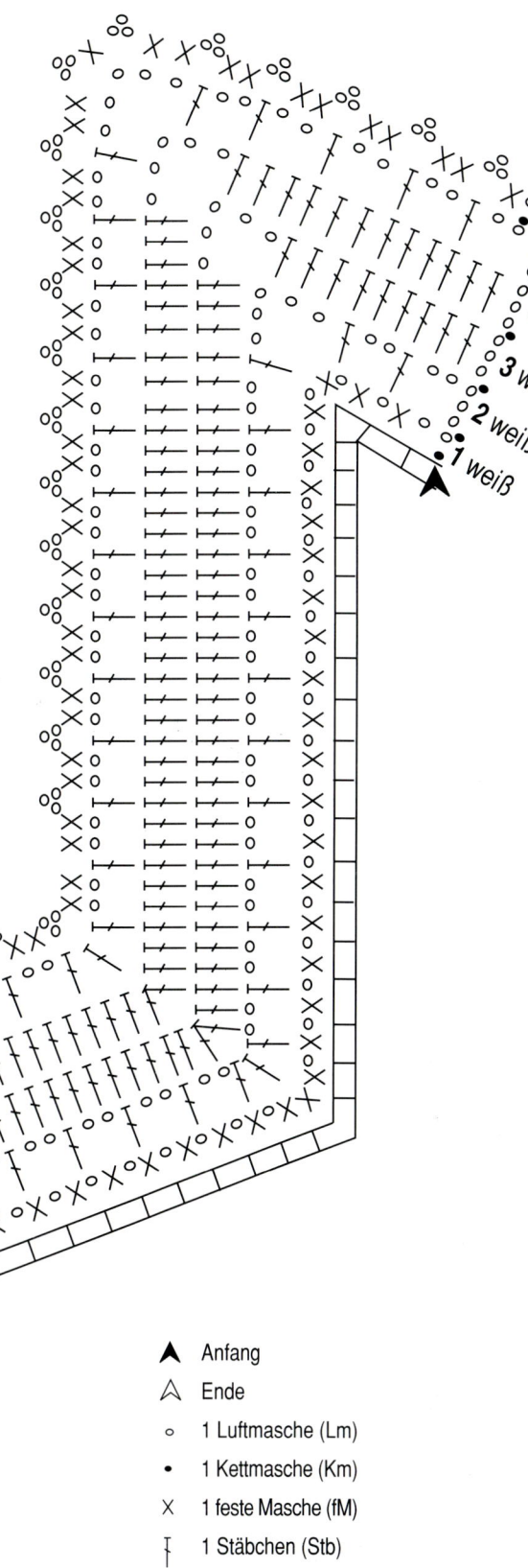

▲ Anfang
△ Ende
○ 1 Luftmasche (Lm)
• 1 Kettmasche (Km)
✕ 1 feste Masche (fM)
╀ 1 Stäbchen (Stb)

45

DREI GRUSSKARTEN

Material

- *Anchor Arista* in Silber (Fb 301) oder Grün (Fb 322)
- *Achor Orion* in Silber (Fb 301)
- Häkelnadel Nr. 2 für die Qualität *Arista*, Nr. 1,5 für *Orion*
- farbige Passepartout-Karten mit rundem Ausschnitt für die Sterne, mit eckigem Ausschnitt für den Tannenbaum

So wird's gemacht

Das gewünschte Motiv nach der entsprechenden Häkelschrift arbeiten: Tannenbaum und Stern A in *Arista*, Stern B in *Orion*. Das Motiv spannen, anfeuchten und trocknen lassen, dann in die Passepartout-Karte kleben.

▲ Anfang
△ Ende
○ 1 Luftmasche (Lm)
• 1 Kettmasche (Km)
× 1 feste Masche (fM)
† †† 1 Stäbchen, Doppelstäbchen (Stb, Doppel-Stb)
⋏ 3 zusammen abgemaschte Stäbchen
⧓ 3 zusammen abgemaschte Doppelstäbchen bzw. Dreifach-Stäbchen

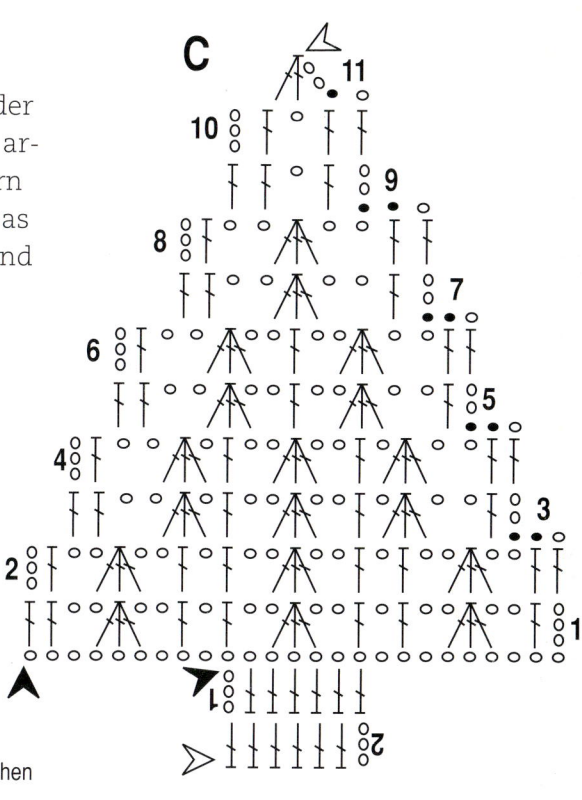

C

B

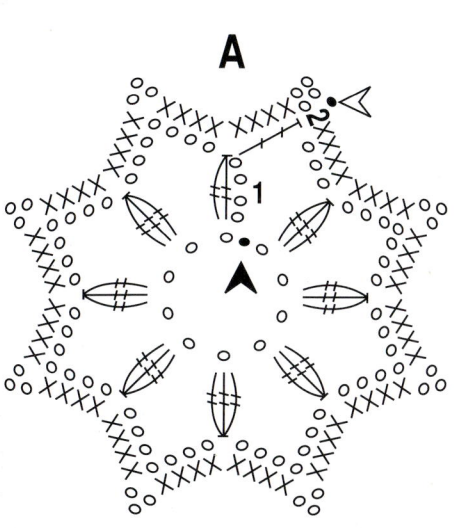

A

47

BEZUGSQUELLEN

Bezugsquellen

Garne
Anchor und *Coats* Garne von
Coats Mez GmbH
Postfach 1179
79337 Kenzingen

Häkelnadeln
INOX
Rump & Prym GmbH & Co. KG
Postfach 1363
58743 Altena / Westfalen

Drahtformen
Coats Mez GmbH
Postfach 1179
79337 Kenzingen

Marmorstoff
Zweigart & Sawitzki
Postfach 120
71043 Sindelfingen

Anhäkeldeckchen
Zweigart & Sawitzki
Postfach 120
71043 Sindelfingen

Passepartout-Karten
Coats Mez GmbH
Postfach 1179
79337 Kenzingen

Impressum

Die Deutsche Bibliothek –
CIP-Einheitsaufnahme
Ein Titeldatensatz für diese
Publikation ist bei Der Deutschen Bibliothek erhältlich.

Das Werk einschließlich aller seiner Teile ist urheberrechtlich geschützt. Jede Verwertung außerhalb des Urhebergesetzes ist ohne Zustimmung des Verlages unzulässig und strafbar. Das gilt insbesondere für Vervielfältigungen, Übersetzungen, Mikroverfilmungen und die Einspeicherung und Verarbeitung in elektronischen Systemen.

Es ist deshalb nicht gestattet, Abbildungen dieses Buches zu scannen, in PCs oder auf CDs zu speichern oder in PCs/Computern zu verändern oder einzeln oder zusammen mit anderen Bildvorlagen zu manipulieren, es sei denn mit schriftlicher Genehmigung des Verlages.

Die im Buch veröffentlichten Ratschläge wurden von Verfasserin und Verlag sorgfältig erarbeitet und geprüft. Eine Garantie kann dennoch nicht übernommen werden. Ebenso ist eine Haftung der Verfasserin bzw. des Verlages und seiner Beauftragten für Personen-, Sach- und Vermögensschäden ausgeschlossen.

Jede gewerbliche Nutzung der Arbeiten und Entwürfe ist nur mit Genehmigung von Verfasserin und Verlag gestattet.

Bei der Anwendung im Unterricht und in Kursen ist auf dieses Buch hinzuweisen.

Fotografie: Klaus Lipa, Diedorf, Coats Mez GmbH
(Seite 1, 4/5, 30/31, 34, 36, 38, 40, 42, 44)
Lektorat: Helene Weinold-Leipold, Aystetten
Umschlagkonzeption: Kontrapunkt, Kopenhagen
Umschlaglayout: Dorkenwald und Dreher, München
Satz und Layout: Satzstudio Vornehm, München
Herstellung: Karin Kristen

Augustus Verlag München 2002
© Weltbild Ratgeber Verlage GmbH & Co. KG

Reproduktion: Repro Ludwig,
A – Zell am See
Druck und Bindung: Uhl, Radolfzell

Gedruckt auf 115 g umweltfreundlich chlorfrei oder elementar chlorfrei gebleichtes Papier.

ISBN 3-8043-1010-9

Printed in Germany